Psychische Probleme bei Geschiedenen

W0073564

Jörg J. Bojanovsky

Psychische Probleme bei Geschiedenen

 Ferdinand Enke Verlag Stuttgart 1983

Professor Dr. Jörg J. Bojanovsky
Zentralinstitut für Seelische Gesundheit
Postfach 5970
D-6800 Mannheim 1

CIP-Kurztitelaufnahme der Deutschen Bibliothek

Bojanovsky, Jörg J.:
Psychische Probleme bei Geschiedenen /
Jörg J. Bojanovsky. — Stuttgart : Enke, 1983.
    ISBN 3-432-93351-7

Dieses Buch trägt – mit Einverständnis
des Georg Thieme Verlages, Stuttgart –
die Kennzeichnung

flexibles Taschenbuch

© 1983 Ferdinand Enke Verlag, P.O.Box 1304, D-7000 Stuttgart 1
    Printed in Germany

Druck: Druckhaus Dörr, Inh. Adam Götz, 7140 Ludwigsburg

Vorwort

Die in vielen industrialisierten Ländern fast epidemieartig ansteigenden Scheidungsraten mit ihren sozialen Konsequenzen erfordern, daß man mehr Kenntnisse über dieses Phänomen, vor allem über die psychischen Probleme der Geschiedenen, gewinnt. Notwendig erscheint dies vor allem aus zwei Gründen:

1. Die Geschiedenen stellen eine Risikogruppe dar mit erhöhten Selbstmordraten, erhöhter psychiatrischer und anderer Morbidität sowie auch einer kürzeren Lebenserwartung. Wenn auch der kausale Einfluß der Scheidung auf den Gesundheitszustand der Betroffenen nicht eindeutig bewiesen ist, bildet der Familienstand des oder der Geschiedenen doch einen Indikator größerer Gefährdung. Bei der heutigen Praxis werden Ärzte — nicht nur Psychiater —, Sozialarbeiter, Juristen, Seelsorger und andere Berufsgruppen immer mehr mit den Problemen der Geschiedenen konfrontiert. Wenn es deshalb mit zur Aufgabe der Mediziner gehören würde, sich nicht nur um diejenigen Kranken zu kümmern, die selber Hilfe suchen oder durch den Druck der Bezugspersonen zur Behandlung gezwungen werden, sondern auch von sich aus aktiv die einer Hilfe Bedürftigen herauszufinden, würden die Geschiedenen eine an Risiken reiche Zielgruppe bilden. Es sollte zu den wichtigsten Aufgaben einer präventiven Medizin gehören, sich sowohl den gefährdeten Individuen zu widmen, als auch die Faktoren und ihre Konstellationen zu studieren, die zu gesundheitlichen Beeinträchtigungen führen.

2. Eines der vorrangigsten Anliegen der Gesellschaft muß darin bestehen, sich um die Funktionsfähigkeit der Familie zu kümmern, denn diese stellt nach wie vor die Hauptsozialisationsinstanz für die weiteren Generationen dar. Deshalb sind fundierte Kenntnisse der mit Familiengründung und -auflösung verbundenen Probleme die wichtigste Grundlage für den weiteren Bestand jeder Gesellschaft. Gerade Kranke oder auf andere Art in ihren Erziehungsfunktionen beeinträchtigte Mütter oder Väter können mancherlei Schäden bei ihren Kindern bewirken. Obwohl es auch früher gut funktionierende Gesellschaften mit hohen Scheidungsraten gab, konnte der stärkere Einfluß der Großfamilie häufig Probleme für die Betroffenen und für die Erziehung der Kinder kompensieren oder mildern. Heute dagegen gibt es für die Probleme nach der Scheidung wenig institutionalisierte Hilfe.

Man kann geteilter Meinung darüber sein, ob die Liberalisierung des Scheidungsrechts mit steigenden Scheidungsraten als etwas Positives, zum Beispiel größere Entscheidungsfreiheit der Menschen ohne den Zwang, eine kränkelnde Ehe zu erhalten, oder als etwas Negatives, nämlich die Möglichkeit des Stärkeren, den Schwächeren zu verlassen, die Erziehung der Kinder zu stören und ähnliches, zu betrachten ist. Die Wirkung ist sicher komplex und schwer zu bewerten. Aus der sozialen Perspektive hat die Kontinuität des Familiensystems größere Priorität, aus individueller Sicht allerdings muß man doch einräumen, daß ein Mensch nach einer falschen Partnerwahl oder einer unglücklichen Entwicklung der Ehe nicht das ganze Leben lang gebunden oder leidend leben muß. Es zeigt sich, daß es auch für die Kinder günstiger ist, in einer geschiedenen Familie zu leben und aufzuwachsen als in einer zerrütteten, mit schweren Konflikten beladenen (siehe dazu z.B. *Stober* 1980).

Mitunter sieht es allerdings so aus, als wollten viele Menschen an ihrem Recht auf uneingeschränktes Streben nach Glück festhalten, ganz gleich, wieviel Leid dieses Streben verursachen mag (*Weiss* 1980). Man sagt, daß es früher Ehezerrüttungen ohne Scheidung gab, heute kommt es dagegen auch ohne Zerrüttung zur Scheidung der Ehe.

Einigkeit kann allerdings darin bestehen, daß man im Falle einer Scheidung gesundheitlichen Schäden und psychischem Leid vorbeugen und den Betroffenen nach Möglichkeit helfen sollte. Für eine solche Hilfe stehen uns noch nicht genügend Kenntnisse zur Verfügung. Viele, die als Helfer mit diesen Problemen konfrontiert werden, reagieren hier mehr nach eigener Erfahrung und eigenem Einfühlungsvermögen. Meistens unterschätzt man das Ausmaß der Lebenskrisen, die die meisten Scheidungen mit sich bringen.

Die Erforschung dieser Problematik bringt wegen ihrer Komplexität große Schwierigkeiten mit sich. Schon die Gruppe der Geschiedenen ist ausgesprochen heterogen; so ist zum Beispiel für die meisten der Zustand des Geschiedenseins nur eine Episode, weil sie eine Wiederheirat planen, während er für einige eine dauernde Lebensrolle bedeutet. (Deshalb ist auch die Zahl der Menschen, die eine Scheidung hinter sich haben, wesentlich größer als die der lebenden Geschiedenen.)

Weiter ist die ganze Problematik der Geschiedenen kontextuell in den soziokulturellen Rahmen eingebettet. Es gibt hier große (sub-) kulturelle Unterschiede. Deshalb kann man zum Beispiel nicht die Erfahrungen aus den Vereinigten Staaten direkt auf die bundesdeutschen Verhältnisse übertragen und umgekehrt — was zu beachten ist, wenn es auch im Text nicht immer wieder betont wird. Aus diesen Gründen haben wir im Buch ein Kapitel über den allgemeingesellschaftlichen Kontextrahmen und vor allem die soziale Dynamik — weil wir uns in einem hektischen sozialen Wandel befinden — eingereiht.

Zu einem besseren Vergleich der einzelnen Kulturen und der dynamischen Entwicklung fehlt es oft an einheitlichen Zahlen — sie werden meistens nicht zu der relevanten Anzahl der bestehenden Ehen berechnet; einmal gibt es Angaben über die Scheidungsraten, ein anderes Mal über die Anzahl der Geschiedenen und ähnliches. Es fehlt auch dringend eine Typologie der Ehen und Scheidungen, die die Aussagekraft solcher Vergleiche verbessern könnte. Die gesellschaftliche Problematik besitzt besondere Wichtigkeit, für soziale Eingriffe, insbesondere für die Gesetzgebung bezüglich der Scheidungen, die auch jetzt in Bewegung geraten ist. Leider geschehen solche Eingriffe ohne eine wissenschaftliche Kontrolle ihrer Auswirkung, und solche Bemühungen werden finanziell auch nicht unterstützt. Es sollte deshalb wichtig sein, eine Bestandsaufnahme der früheren und der momentanen Gesetzgebung zu machen, um Vergleiche der Auswirkungen der Gesetzesänderungen auf verschiedene Bereiche zu ermöglichen. Die Gesetzgeber brauchen auch wesentlich mehr sachliche Kenntnisse für ihre Entscheidungen.

Die sich aufdrängende Problematik der Geschiedenen führt dazu, daß besonders in den Vereinigten Staaten nach dem zweiten Weltkrieg viele Bücher über Scheidungen erschienen sind. Die meisten sind allerdings als Hilfe für die Betroffenen gemeint. Eine Monographie, die sich mit dem wichtigen gesundheitlichen, vor allem auch dem psychiatrischen Aspekt der Scheidungen beschäftigt, haben wir weder in der deutschen noch in der angelsächsischen Literatur gefunden. Deshalb haben wir versucht, diese Kenntnisse für Ärzte — vor allem Psychiater —, Psychologen, Soziologen, Politiker, Organisatoren des gesundheitlichen Systems, Sozialarbeiter, Seelsorger und last not least Juristen zu vermitteln. Da es genügend übersichtliche Arbeiten über die gesundheitlichen Folgen einer Scheidung bei Kindern gibt (zum Beispiel *Lempp* 1976, *Stober* 1980, und andere), haben wir diesen wichtigen Teil der Problematik nicht aufgenommen. Wir möchten dazu anfügen, daß man allzuoft, bevor man die kindererzieherischen Probleme lösen kann, zunächst die Verarbeitung der Depressionen, Aggressionen oder anderer störender Reaktionen der sich scheidenden Eltern, deren Schwierigkeiten in diesem Buch besprochen werden, erreichen muß.

Meinen besonderen Dank für die außerordentliche allseitige Hilfe möchte ich Frau *Oslow* aussprechen. Herrn Dr. *G. Wagner* und Herrn Dr. *K. Dörner* bin ich für die stilistische Durchsicht des Manuskripts verbunden. Mit Frau Dipl.-Psych. *Schlüter* habe ich einige Gedanken und Sonderdrucke ausgetauscht. Für das freundliche Einverständnis, einige Auszüge sowie eine Tabelle aus den veröffentlichten Aufsätzen zu benutzen, danke ich den Redaktionen der Zeitschriften „Schweizer Archiv für Neurologie, Neurochirurgie und Psychiatrie" und „Fortschritte der Medizin". Frau Dr. *Kuhlmann* und Herrn *Kindt,* M.A., vom Enke-Verlag, Stuttgart, gilt mein Dank für die Betreuung des Manuskripts.

J. Bojanovsky

Inhalt

I Psychodynamische Probleme bei der Scheidung

1 Scheidung als Streß und Krise

Obwohl die Scheidung einerseits die Beendigung einer meist langdauernden Traumatisierungs- und Konfliktsituation bedeutet, so stellt sie andererseits in der Regel doch eine Streßsituation dar, mit der Notwendigkeit, eine neue Identität aufzubauen. Die Übernahme neuer Rollen mit Bewältigung sozialer und materieller Probleme bedeutet für das Individuum oft eine Krise, was ein erhebliches Ungleichgewicht zwischen der subjektiven Bedeutung des Problems und den Bewältigungsmöglichkeiten (coping behavior) darstellt — zugleich jedoch auch einen Wendepunkt, der einerseits zu einer Verbesserung des Lebens, zu einer Korrektur der bisherigen Irrtümer, andererseits aber auch zu einer Verschlimmerung führen kann.

Jede menschliche Krise ist von einer offenen oder latenten Depression begleitet. Diese Depression hat den biologischen Sinn, bisherige, in die Krise führende Aktivitäten herabzusetzen, sich grübelnd in sich selbst zu vertiefen, sich zu analysieren und nach außen zu signalisieren, daß man eine bestimmte Atempause benötigt und auf Mitgefühl und Hilfe angewiesen ist. Eine Lebenskrise kann man als einen Rollenverlust betrachten; man empfindet seine Rolle im Leben als außerordentlich unbefriedigend und kann sie mitunter überhaupt nicht weiter fortsetzen.

1.1 Mögliche Folgen einer Scheidung

Die Depression, die nach außen wie nach innen eine Krise im Leben signalisiert, kann zu verschiedenen Reaktionen oder Entwicklungen führen. Eine erfolgreiche Bewältigung dieser Krise bedeutet meistens eine Reifung der Persönlichkeit. Man gewinnt mehr Selbstvertrauen und das Gefühl, das Leben zu meistern, sowie eine tolerantere Einstellung ungünstigen Einwirkungen gegenüber. Es fällt mitunter leichter, seine Persönlichkeit zu integrieren und sich unabhängig zu fühlen. Eine bewältigte Krise kann zu mehr Sensibilität und Kreativität führen und darüberhinaus eine realistischere Planung des zukünftigen Lebens ermöglichen. Auch ein schwerer Verlust oder ein anderes Trauma wird dann, wie eine Narbe, mit der Zeit weniger schmerzen. Eine unbefriedigend bewältigte Krise dagegen kann genau das Gegenteil bewirken — eine regressive Entwicklung der Persönlichkeit, da man sich weniger zutraut, verletzbarer wird und abhängiger von anderen, sich zurückzieht und eine Kompensierung durch die Flucht in die eigene Phantasie sucht. Diese Haltung zeigt Übergänge zu einer echten krankhaften Depression, sei sie reaktiver oder neurotischer Art.

Als krankhaft kann man eine Depression bezeichnen, wenn sie zu einer akuten Bedrohung des Betroffenen oder auch anderer, zumindest aber zu erheblichen sozialen Störungen im Beruf oder in der Familie führt; daneben auch solche chronischen Zustände, die die Lebensfunktionen des depressiven Menschen beeinträchtigen, ohne daß er sie aus eigener Kraft mit der Zeit überwinden kann. Im konkreten Fall entscheidet vor allem die Reaktion der Bezugspersonen darüber, ob jemand mit einer Depression zum Arzt kommt. Diese wiederum werden beeinflußt von ihren Kenntnissen (z.B. wieviel sie über die Symptome und die relativ gute Behandelbarkeit der Depressionen wissen), von ihrer Toleranz und ihrer Hilfsbereitschaft.

Eine Krise kann aber auch ängstlich und lebensbedrohend erlebt werden, verbunden mit verschiedenen vegetativen Störungen, die sich dann in einer neurotischen Entwicklung fixieren können und zu echten psychoneurotischen oder psychosomatischen Krankheiten führen. Oft kann eine Krise provozierend oder dekompensierend die Entwicklung einer schweren körperlichen oder psychischen Krankheit mitbedingen. Ein überkompensiertes Geltungsbedürfnis, mit erhöhter Empfindlichkeit und falschen Generalisierungen, kann in eine paranoide Entwicklung münden. Daneben wird auch eine Phase der Zyklothymie — d.h. eine endogene Depression oder Manie — bei vorhandener Disposition provoziert. Aber auch die schizophrenen Dekompensierungen werden durch eine Lebenskrise ausgelöst. Eine andere krankhafte Bewältigung der Scheidungskrise stellt der Mißbrauch von Alkohol, Medikamenten oder Drogen dar. Wenn es dabei auch oft um eine „Selbstbehandlung" geht, die meistens einen relativ günstigen Verlauf nimmt, bedeutet das nicht selten eine Entwicklung zu schwerer Abhängigkeit und Sucht, die dann weitere Lebenskrisen nach sich ziehen. Aber auch schwere Aggressionen und andere dyssoziale Akte, wie Kriminalität, sind oft Reaktionen auf die äußere und innere Krise nach dem Scheitern einer Ehe. Die aggressive Reaktion ist interessanterweise häufiger bei jungen als bei alten Menschen und auch mehr bei Männern als bei Frauen zu finden. Bei älteren Menschen und Frauen setzen mehr Depressionen ein. Eine Verbindung zwischen Depression und nach innen gerichteter Aggression stellt dann die Selbstmordtat dar, sei es in Form eines vollendeten Selbstmordes oder eines Selbstmordversuchs.

Die suizidalen Handlungen weisen einen fließenden Übergang zu einem risikoreichen Verhalten auf. Diese Einstellung, daß einem alles egal ist oder wenigstens nicht so viel am eigenen Leben liegt, kann zum Teil als weniger starke, aber dabei chronischere Selbstmordgefährdung, in einem anderen Fall auch als eine Umstellung der eigenen Lebenswerte meistens in Richtung einer hedonistischen Einstellung gedeutet werden. Dies führt dann zu einer erhöhten Mortalität, z.B. an Unfällen, als Opfer der Tötungsakte anderer, an Leberzirrhose bei häufigem Gebrauch von Alkohol, an Herzversagen bei übermäßigen Spannungssituationen im Leben oder durch übermäßiges Rauchen usw. Allerdings kann durch ein rücksichtsloses Verhalten auch eine Lebensbedrohung für andere erwachsen, z.B. durch Kraftfahrzeugunfälle.

2 Psychische Verarbeitung einer Scheidung

Über einen günstigen oder weniger günstigen Verlauf der Scheidung entscheidet zum großen Teil die erfolgreiche Bewältigung der inneren und äußeren Probleme, die bei der Scheidung entstehen. Zu den inneren Problemen gehören vor allem 1. die emotionale Trennung vom Partner, 2. die Selbstwertproblematik und 3. die damit verbundene Bewältigung aggressiver und depressiver Reaktionen.

2.1 Emotionale Trennungsprobleme

Die Untersuchungen haben eindeutig gezeigt, daß Personen mit einer überdauernden stärkeren emotionalen Bindung an den ehemaligen Partner ungünstiger reagieren (*Kitson* et *Sussman* 1977, *Marroni* 1977 und *Hynes* 1979 sowie *Bojanovsky* und *Wagner* o.J.). Dagegen verkraften Personen, die schon vorher emotional selbständig gewesen sind oder eine Bindung an andere Personen entwickelt haben, die Scheidung viel leichter (*White* et *Asher* 1976).

Bei der emotionalen Trennung geht es — worauf schon *Freud* bei der Beschäftigung mit der Trauerproblematik hingewiesen hat — darum, daß alle Erinnerungen und Erwartungen, mit denen emotionale Objektbindungen verbunden waren, eingestellt, überbesetzt und daran Lösungen vollzogen werden (auch wenn diese emotionalen Beziehungen überwiegend negativ waren). Diese ,,Trennungsarbeit" äußert sich vor allem in zwanghaftem Zurückschauen, was mitunter sehr weit in die Vergangenheit reicht. Zunächst erscheinen die Ereignisse unfaßbar, mit starkem seelischem Schmerz verbunden. Trotzdem beschäftigen sich die Betroffenen unablässig damit, worunter andere, wichtige Aktivitäten leiden. Allerdings sind diese Aktivitäten (z.B. im Beruf), besonders wenn sie den Menschen nicht allein lassen, sondern in Kontakt mit anderen bringen, für den weiteren Verlauf der Reaktion günstig. Die Bemühungen, mit sich selbst und mit den anderen „ins Reine zu kommen" (*Weiss*), münden allmählich in Rationalisierungen, die *Weiss* „Interpretationen" nennt (*Weiss* 1980). Diese Interpretationen klären den Betroffenen darüber auf, wer wofür verantwortlich ist. Sie geben ihm auch eine „Handlungsstruktur, mit Anfang, Mitte und Ende, und bringen so die Ereignisse in eine begrifflich faßbare Einheit". Diese Interpretationen sind selbstverständlich keine objektive unparteiische Beschreibung der Ehezerrüttung, weil sie vor allem von eigenen Abwehrmechanismen diktiert werden. Deshalb überrascht nicht, daß die Interpretationen ehemaliger Ehepartner sich voneinander vollkommen unterscheiden, sie betreffen sogar ganz andere Gesichtspunkte und Ereignisse.

Verlustreaktionen

Wenn ein Ehepartner, trotz eventueller Konflikte, nie daran dachte, sich scheiden zu lassen, wird er vom Scheidungsbegehren des anderen völlig überrascht. Scheidung als plötzlicher Verlust kann in diesem Fall als Trauma mit anfänglicher emotionaler Erstarrung oder als Verzweiflung mit Desorganisation von psychischen Vorgängen wirken (Stadien, die nach dem Tod eines Nächsten von *Lindemann* (1944) und *Parkes* (1974) beschrieben wurden). Bedeutsam ist dabei selbstverständlich, wie stark die Objektbesetzung am Anfang war, wie sie sich weiter entwickelt hat, ob und wie stark eine emotionale Bindung an andere Partner bereits bestand. Die Stärke der Objektbesetzung hängt auch weitgehend davon ab, welche Bedürfnisse der Ehepartner für den Betroffenen befriedigte (ob es sich etwa um ein sexuelles oder erotisches Bedürfnis, ein Sicherheitsbedürfnis oder auch völlig andere Bedürfnisse handelte), aber auch davon, wie weit der Ehepartner ein Übertragungsobjekt mit einem der Elternteile oder anderen wichtigen Bezugspersonen aus der Kindheit darstellte. Wenn solche unerfüllten Bedürfnisse zugrunde liegen, kann es dazu kommen, daß eine neue, ähnliche Beziehung angeknüpft wird, die besonders am Anfang zusätzlich mit mehr oder weniger starker Desillusion, einem Gefühl der Unechtheit, der Nachahmung und Reprise verbunden ist, wobei ähnliche Fehler wie in der ersten Beziehung wiederholt werden. Für das Gelingen der Trennungsarbeit ist weiterhin das Alter, und somit auch die Länge der vorausgegangenen Ehe, bedeutsam. Bei jüngerem Heiratsalter und langer Ehe haben die Ehepartner einen großen Teil des eigenen Lebensentwurfs gemeinsam geplant. Die Trennung kann dann mit dem Verlust mancher Lebensziele verbunden sein und beim Partner zu einer skeptischen Einstellung des weiteren Lebensverlaufs führen.

Änderung der Identität

Es handelt sich dabei nicht nur um einen Objekt-, sondern auch um einen Identitätsverlust mit Veränderungen der sozialen Rollen. Nach einer bestimmten Dauer der Ehe prägt sich der Status des Verheirateten in einem eigenen Selbstbild, und auch das Verhalten der Bezugspersonen orientiert sich in manchen Situationen an diesem Charakteristikum. Deshalb bringt die Scheidung eine Verunsicherung, Konfusion der eigenen Gefühle, aber auch gegenseitige Unsicherheiten in den Beziehungen zu den Bekannten und Verwandten, was oft durch Verminderung der Kontakte zu der sozialen Umwelt führt. Auch die frühere Aufteilung der Lebensaufgaben entfällt, so daß man vor Problemen steht, an die man nicht gewöhnt ist und bei denen man sich vollkommen unsicher fühlt. Auch viele alte Gewohnheiten müssen zwangsläufig verändert werden.

Nur in Ehen, in denen fast keine Bindung zwischen den Partnern zustande kam, wie z.B. während einer nur kurz andauernden, eher widerwillig eingegangen (Muß-) Ehe, oder nach einer aus anderen Gründen bald wieder erfolgten Trennung, kommt es kaum zu diesen Objekt- und Identifikationsverlusten − sozusagen nach dem Motto: aus den Augen, aus dem Sinn. (*Spanier* et *Casto* 1979 fanden nur bei einem Viertel der Befragten eine fehlende Bindung an den Partner.)

2.2 Selbstwertproblematik

Stellt sich die emotionale Trennung nur bei manchen als Problem dar, so ist die Selbstwertproblematik für nahezu alle Geschiedenen relevant. Der Selbstwert hat eine sehr zentrale, komplexe Funktion im Leben der erwachsenen Menschen. Seine Wichtigkeit ist auch daran zu erkennen, daß Menschen oftmals lieber in den Tod gehen, als die eigene Würde, Ehre und Selbstachtung völlig zu verlieren. Der komplette Verlust des Selbstwerts, das heißt der eigenen Würde, aber auch wiederholte schwere Versagungsgefühle führen nicht selten zum Selbstmord. Der Selbstwert ist zugleich auch ein sehr kräftiger Verstärker oder Verdränger: Die Handlungen, die die eigene Selbstachtung und die Liebe und Anerkennung durch andere sowie auch den persönlichen Status erhöhen, werden wesentlich intensiver verstärkt, als dies materielle Vorteile vermögen. Gegen den Verlust des Selbstwerts kann man sich zum Teil dadurch wehren, daß man die traumatischsten Erlebnisse, die ihn bedrohen, verdrängt — besonders bei erhöhter Eitelkeit. Der Selbstwert erfüllt im Leben komplexe Aufgaben: 1. Er modifiziert in seinen übergeordneten Funktionen andere Motivationsstrukturen, wie die sexuellen, macht- oder moralischen und rationalen (Erkenntnisfunktionen), indem er solche Verhaltensweisen hemmt oder verstärkt, je nachdem, ob sie selbstentwertend oder selbsterhöhend wirken. 2. Er bewirkt eine mehr oder weniger gelungene Integration dieser oft widersprüchlichen Motivationsstrukturen, indem er als emotionaler Teil der Selbstidentität ein bestimmtes Wertsystem aufbaut, das mit einem eigenen Idealbild, dem eigenen Selbstentwurf und dem eigenen Lebensstil nach *Adler* verbunden ist. Bei psychischen Störungen ist diese Integration meistens nur sehr schwach gelungen, was zu häufigen inneren Konflikten führt. 3. Er leitet die Sozialisation ein, das heißt die Eingliederung des Menschen in die Gesellschaft, mit Übernahme bestimmter kulturell herrschender Werte, indem er das eigene Idealbild durch Identifikation mit den eigenen Eltern und mit Helden aus Märchen, Romanen usw. formt. Ebenso wichtig für den Selbstwert ist die Bewertung durch andere Menschen, das heißt durch ihre Liebe und Anerkennung. Damit beeinflußt die soziokulturelle Umgebung des Individuums den Aufbau des Selbstwerts. 4. Er unterstützt auch die Individualisierung, die individuelle Selbstentfaltung des Menschen. Die Selbstdurchsetzung eigener Wünsche stärkt den Selbstwert sehr, das Handeln nach eigenen aktiven Entscheidungen wirkt ganz anders, als wenn es aufgezwungen wird. 5. Er lenkt und regelt auch das Maß unserer Aktivität. Er hängt mit unserem Anspruchs- und Aspirationsniveau, unserer Selbsteinschätzung und unserem Selbstvertrauen zusammen und bestimmt, wieviel wir uns zutrauen können und welche Kräfte wir einsetzen wollen. Auf den erfolgreichen Gebieten ist unsere Aspiration hoch, während wir auf den „schwachen" Gebieten von vornherein nicht so sehr an unseren Erfolg glauben, deshalb eher inaktiv bleiben und darum auch weniger erfolgreich sind.

6. Er trägt auch zur Reifung der Persönlichkeit bei, weil er eine Selbstdynamik beinhaltet. Das Kind entwickelt seinen Selbstwert in erster Linie im vollkommenen Schutz der Eltern und dann auch durch die eigene Phantasie, indem es sich verschiedene Rollen erträumt und eventuelle Versagungen, Enttäuschungen in der Phantasie korrigiert (durch besseres Abschneiden, intelligentere Reaktionen, Rachephantasien usw.). Später bringt der Selbstwert mehr Lustgewinn, falls man realistisch erzielte Erfolge vorweisen kann. Das Kind will von einem bestimmten Stadium an nicht mehr ge-

hätschelt, sondern lieber als Erwachsener behandelt werden und übernimmt gern verschiedene Belastungen, weil dies seinen persönlichen Wert erhöht. Nach diesem auf Erfolg fixierten Stadium erfährt man wieder eine Steigerung seines Selbstwerts, indem man sich durch die Übernahme und Erfüllung von Pflichten und Aufgaben mehr Liebe und Anerkennung in der Gemeinschaft verdient. Im höheren Alter kann man eine Lusteinbuße vermeiden, indem man immer weniger ichbezogen wird, sich von der eigenen Person eher etwas distanziert und sich selbst ruhiger betrachtet im geschichtlichen Verlauf, entweder mit Hilfe der Religionen oder verschiedener Philosophien. In den westlichen Zivilisationen wird leider das zweite Stadium der Ichbezogenheit, des persönlichen Erfolgs und des damit verbundenen Prestiges lange beibehalten. Das trägt zwar zu wesentlich mehr Strebsamkeit der Menschen mit einer größeren Leistungsorientiertheit bei, aber im Alter werden die unausweichlichen Verluste schmerzhafter erlebt, weil man ungeübt ist in dieser Versöhnungsarbeit und den überpersönlichen Betrachtungsweisen.

Selbstwertverletzungen vor und nach der Scheidung

Schon bei Ehekrisen spielt der Selbstwert eine außerordentlich wichtige Rolle. Die oft im Streit ausgesprochenen Beleidigungen und Verletzungen führen zu Affekthandlungen, die zu einer Entfremdung oder zu unüberlegten Reaktionen führen. Die Scheidungsdrohungen, die zuerst als Waffe oder Versuch der Einschüchterung des anderen benutzt werden, führen zu Verletzungen seines Stolzes. Damit wird ein Prozeß in Gang gesetzt, der dann immer schwieriger anzuhalten ist. Jeder Mensch handelt jeweils aus einer Mischung von egoistischen und moralischen, das heißt altruistischen, Motivationen. Bei der positiven Beziehung, die am Anfang der Ehe meistens besteht, sieht man eher die besseren Eigenschaften des Partners. Wenn diese Beziehung auf Grund der gegenseitigen Verletzungen negativ belastet wird, so kommt es zu einer Umkehr der kognitiven Einstellung, so daß man dann bei dem anderen vor allem seine unguten Motivationen sieht. Aufgrund möglicher gegenseitiger Beleidigungen entstehen dann Racheakte, die fast alle Menschen zu verschiedenen Niederträchtigkeiten verführen können, so daß sich manche ungünstige Prophezeihung und emotionale Einschätzung durch den anderen erfüllt. Durch die Verletzung des Stolzes wird ein Ehepartner zur Einreichung der Scheidungsklage veranlaßt, auch wenn er den Partner immer noch liebt und ihm viel verzeihen würde.

Die Scheidung kann dazu beitragen, daß man sich selbst nicht mehr als liebenswert empfindet. Es können auch Mißerfolgserlebnisse entstehen, indem man nicht mehr an seine Fähigkeit glaubt, anstehende Probleme adäquat zu bewältigen. Solche Verletzungen entstehen besonders dann, wenn bereits früher geprägte Minderwertigkeitskomplexe, Versagungsgefühle und Enttäuschungen nicht ausreichend verarbeitet wurden. Sind derart verletzte Gefühle besonders stark ausgeprägt, kann es dazu kommen, daß sich — wie bei jedem Schmerz — die Aufmerksamkeit auf das traumatisierende Empfinden hin verengt und von anderen Lebensbereichen ablenkt.

Bei dem Selbstwert spielt das Gefühl der eigenen moralischen Integrität eine wichtige Rolle. Es können gegenüber dem Partner, und noch stärker gegenüber den Kindern, leicht Schuldgefühle entstehen. Manchmal dienen Schuldbekenntnisse dieser Art allerdings nur dem Zweck, sich dem Partner gegenüber als moralisch überlegen zu zeigen, besonders wenn man durch ein starkes Über-Ich dazu erzogen wurde, die Liebe der Eltern durch Schuldbekenntnisse zu erhalten. Schuldgefühle können allerdings auch sekundär durch Provozierung endogener Depressionen entstehen. Mitunter schlagen sich Schuldgefühle aber auch ins Gegenteil um und es kommt zu aggressiven Beschuldigungen der anderen, Mitleid mit sich selbst oder zu einem generalisierten Mißtrauen und Sichzurückziehen vor den emotionalen Beziehungen zu den Mitmenschen bis zur Flucht in die Krankheit. Weitere Verletzungen des Selbstwerts rühren von den Einstellungen und Verhaltensweisen wichtiger Bezugspersonen her. Bedeutsam ist hierbei, inwieweit diese das Verhalten des Betroffenen mißbilligen und wie stark sie ihre Anerkennung und Liebe entziehen.

Über- und Unterlegene

Wer aus der stärkeren Position heraus aktiv handelt und damit Vorteile (wenn auch fragliche) erreicht oder seine Überlegenheit zeigt, kann als der Stabilere betrachtet werden. Das Konzept der Über- bzw. Unterlegenheit wird näher analysiert von *Späte* (1974). Der naivere Partner, der sich provozieren läßt und sich emotional bedingungslos engagiert, ist meistens der Überrumpelte.

Bowen (1978) analysiert das Verhalten im Familiensystem auf Grund der Dominanz und Submissivität. Wenn der submissive Partner seine Rolle aus welchen Gründen auch immer nicht mehr ausübt, kann sich der dominante Partner von der Ehe distanzieren. Zur Minderung seiner Schuldgefühle kann er dann versuchen, den schwächeren Partner „in die guten Hände" eines Therapeuten zu entlassen.

Reaktionen auf die Verletzungen des Selbstwerts

Durch die oben beschriebenen möglichen Beeinträchtigungen des Selbstwerts kommt es zu verschiedenen Reaktionen. Menschen mit sehr starker Abwehr und genügend Selbstsicherheit überwinden diese Verletzungen besser; sie wälzen einfach alle Schuld auf den anderen ab. Sie festigen sich in der Einstellung, daß sie sich endlich von dieser für sie enttäuschenden Beziehung gelöst haben und bleiben damit der aktive Teil. Manchmal kommt es allerdings zu einer teilweisen Verdrängung der Problematik, die weiter neurotisierend wirken kann. Eine andere neurotische Abwehr stellt die Regression des Selbstwerts in ein narzißtisches Stadium dar, mit Verstärkung der Wunschvorstellungen eigener Erfolge in der Zukunft, wie die einer neuen idealen Beziehung oder einer neuen Ehe oder einer heilen Welt mit Menschen, die immer gerecht sind und sich gegenseitig achten. Bei stark ausgeprägten narzißtischen Gefühlen in der Kindheit kommt es zur Reaktivierung dieser Phantasien von der eigenen Allmacht oder des außergewöhnlichen (liebenden, beschützenden) Objekts mit narzißtischer Störung, wie es *Kohut* (1976) beschrieben hat, was dann mit Überempfindlichkeit und Verletzbarkeit verbunden ist. Eine weitere neurotische Abwehr führt zur sekundären Rationalisierung und Generalisierung mit negativen Einstellungen (Übertragungen) gegenüber allen Angehörigen des anderen Geschlechts oder zu ähnlichen Verallgemeinerungen der gesellschaftlichen Verhältnisse.

2.3 Aggressive Tendenzen

Die Verletzung des Selbstwerts bringt oft aggressive Gefühle mit sich, die sich in einer Verbitterung gegenüber dem Partner äußern und über verschiedene Trotzreaktionen bis hin zu Rachegefühlen und Racheakten führen können. Die Wut auf den anderen ist schon ein Teil der Verlustreaktion (*Bowlby* 1980), vor allem aber entsteht sie auf Grund zahlreicher Vertrauensbrüche, die die Ehekrise und später den Scheidungsprozeß begleiten. Fast jeder sieht seine emotionalen Bemühungen und Intentionen, seine positiven Absichten und Taten enttäuscht und die materiellen Güter, die er in die Ehe investiert hat, falsch bewertet. Das Handeln des Partners wird eher als böswillig abqualifiziert. Da man in der Ehe meistens den „Abwehrharnisch" — seine schützende Panzerung — mehr oder weniger ablegt, kann man an seinen schwachen Seiten angegriffen und gedemütigt werden.

Auf der anderen Seite macht *Hunt* (1966) darauf aufmerksam, daß diese feindliche Einstellung mit persönlichen kleineren oder größeren Racheakten, die sich zu ganz unerwarteten Niederträchtigkeiten steigern können, dazu dienen, daß auf beiden Seiten die emotionale Trennung schneller vollzogen werden kann. In der heutigen Gesellschaft sind aber emotionale Reaktionen, wie die Trauerreaktionen oder Aggressionen, viel schwerer auszuleben; sie stoßen auch bei den meisten Bezugspersonen auf Ablehnung.

Deshalb kommt es zu Äußerungen der Unzufriedenheit und des Hasses, die sich auch auf andere Personen, ja sogar gegen die eigenen Kinder richten, zu chronischer Verbitterung und generalisierten negativen Einstellungen zu dem anderen Geschlecht, zu der Gesellschaft und ähnlichem. Zum Teil wendet sich diese Unzufriedenheit gegen die eigene Person mit darauffolgenden Selbstmordtendenzen. Da die aggressiven Reaktionen im allgemeinen bei Männern stärker sind (auf Grund der biologischen hormonalen Einflüsse und auch der sozialen Erziehung), ist die Selbstmordgefahr bei ihnen größer als bei Frauen.

2.4 Depressive Reaktionen

Meistens kommt es in der ersten Phase zu ambivalenten Einstellungen, indem sich sowohl die Verbitterung gegenüber dem Partner als auch die Unzufriedenheit mit sich selbst, Versagungsgefühle und moralische Vorwürfe — sowohl aggressive als auch depressive Verstimmungen — mischen oder sich abwechseln. Die Scheidung als eine Lebenskrise mit Trennungsschmerz, Selbstwertminderung und der Notwendigkeit der Umorganisierung des eigenen Lebens bringt fast immer eine akute depressive Reaktion mit sich. Ob sich diese Depression chronifiziert oder bald überwunden wird, hängt von manchen inneren Faktoren ab, wie z.b. von der eigenen physiologischen Stärke oder von das Selbstbewußtsein stärkenden Erfahrungen, von Möglichkeiten der Kompensierung auf anderen, erfolgreicheren Gebieten. Allerdings spielt auch die Eigendynamik der depressiven Reaktionen eine nicht unwichtige Rolle. Diese Reaktionen neigen zu einer Chronifizierung, wenn sie „innere Teufelskreise", Circuli vitiosi, oder falsche sozialpsychologische Einstellungen hervorrufen. Ein solcher Teufelskreis entsteht, wenn die Depression zur Inaktivität, zur Apathie, führt, was wiederum physiologisch die Depression verstärkt. Zwar ist nach einer Scheidung die Gefahr der Inaktivität zum Teil geschwächt, da plötzlich viele, zum Teil große Probleme bewältigt werden müssen, (z.B. das Einrichten einer neuen Wohnung, Versorgung der Kinder durch den sorgeberechtigten Elternteil, mehr Hausarbeiten für den Mann und ähnliches). Trotzdem ist die Regelung der Aktivitäten, vor allem am Abend, ein wichtiger

Teil der Behandlung der Depression. Das bedeutet allerdings nicht, daß man ständig sozial aktiv bleiben soll. Ebenso wichtig für die seelische Gesundung ist eine Zeit für die innere Besinnung. Eine auch durch vorübergehende Ursachen hervorgerufene Depression führt zu einem Schwund an Selbstvertrauen, zu einer minderen Selbsteinschätzung mit Verzagtheit, Zaudern, Erwartung von Mißerfolgen, was dann auch als selbsterfüllende Prophezeihung tatsächlich Enttäuschungen und Versagungen herbeiführt. Ein weiterer Teufelskreis entsteht dadurch, daß durch verschiedene Frustrationen verursachte Depressionen die adäquate Abreaktion hemmen und zur Flucht in die Phantasie, zu Wunschvorstellungen über sich selbst oder über die Welt führen, was wiederum die Verletzbarkeit erhöht und die Depression vertieft. Ähnlich bewirkt der Schmerz der Depression eine Einengung der Aufmerksamkeit auf das traumatisierte Gebiet und verhindert eine Kompensierung in anderen, intakten Lebensbereichen. Manchmal kommt es allerdings zu einer Überkompensierung mit Hyperaktivität auf sexuell-erotischem Gebiet oder im Berufsleben, die leicht zu neuen Konflikten und Enttäuschungen führen kann. Eine andere Art der falschen Kompensierung kann in übermäßigen Alkoholismus oder Drogenabhängigkeit, wieder mit depressiogenen Auswirkungen, münden.

3 Sozialpsychologische Probleme

Sozialpsychologisch stellen Depressionen ein Signal dar, einen Ruf um Hilfe, der zu bestimmten Reaktionen der Umgebung führt.

Bei genügend starken Solidaritätsgefühlen der Bezugspersonen erweckt depressives Leiden meistens Mitleid und löst Hilfeleistungen der Mitmenschen aus. Diese Tendenz wird noch durch Selbstbeschuldigungen der Depressiven mit versöhnenden Gesten (z.B. die gebeugte, unterwürfige Haltung, die von Verhaltensforschern als ,,Demutsgebärde'' aufgefaßt wird, aber auch als Buße verstanden werden kann), zugleich aber auch mit einer gewissen Anschuldigung und Vorwürfen gegen die Bezugspersonen, die die Depression direkt durch ihr Verhalten oder indirekt durch zu geringe Hilfsangebote mitverursacht haben könnten, verstärkt. Mit dem depressiven Verhalten werden die anderen unter Druck gesetzt, Hilfe zu leisten, Mitleid zu haben und den Betroffenen wieder in eine Gruppe aufzunehmen. Diese sozialpsychologischen Reaktionen können aber gestört werden, und zwar sowohl von den Betroffenen als auch von den Bezugspersonen. Der Betroffene kann aus eigenen hohen Ich-Idealen oder aus Mißtrauen gegenüber den anderen versuchen, seine Depression, seine Trauer und andere Gefühle nicht zu zeigen. Das führt vermutlich zu verschiedenen psychosomatischen Krankheiten oder es werden trotz der damit verbundenen Gefahren verschiedene Hilfsmittel wie Alkohol oder Tabletten dazu gebraucht. Auf der anderen Seite kann der Betroffene die Depression dazu mißbrauchen, für sich Vorteile zu erringen, was bis zur Erpressung führen kann, z.B. um den Ehepartner zur Rückkehr oder zur Reue zu zwingen, oder bis zu einer chronischen Flucht in die Hilflosigkeit, die von seiner Umgebung eine ständige Rücksichtnahme und Hilfeleistung erfordert. Beide Reaktionen, sowohl die Selbstüberwindung bis Verdrängung der Depression als auch der Mißbrauch der Depression, führen zu einer Chronifizierung.

Bei den Bezugspersonen werden dadurch oftmals auch Abwehrreaktionen hervorgerufen. Sie können dann den leidenden, Not signalisierenden Gebärden des Betroffenen völlig kalt oder sogar feindlich begegnen und jegliche Hilfeleistung ablehnen. Sie sind sogar imstande, die Depressiven in ihrer Hilflosigkeit psychologisch oder finanziell noch weiter nach unten zu drücken. Aber auch zu starke, inadäquate eigene Schuldgefühle können dazu führen, daß die Bezugspersonen dauerhaft eine Rolle übernehmen, durch die sie den Depressiven in seiner Hilflosigkeit noch bestärken.

4 Gemischte Reaktionen

Der Depression sind, besonders in der ersten Phase durch besonders starke Auswirkungen von Streßsituationen, sehr oft Angst oder Spannungszustände beigemischt. Dies äußert sich in Form von Gereiztheit und großer Nervenanspannung, was sich auch auf körperliche Funktionen übertragen kann. Die Folgen hiervon sind Schlaflosigkeit, Appetitlosigkeit, Zittern, Konzentrationsschwäche bis hin zur Unfähigkeit, systematische Arbeiten zu verrichten. Gerade diese Zustände lassen sich durch Medikamente, das heißt Tranquillizer, aber auch durch Alkohol schnell mildern. Man kann nur sehr schwer abschätzen, ob nicht gerade dadurch, daß diese Mittel heute sehr leicht zu erhalten sind, eine Überwindung der akuten emotionalen, eventuell auch einer suizidalen Krise möglich ist, oder im Gegenteil ein Abusus mit Abhängigkeit und Sucht heraufbeschworen wird. Zum Psychiater kommen fast nur Personen mit negativen Folgen einer eigenen „Behandlung", also nach Alkohol- oder Medikamentenmißbrauch und ähnlichem.

Falls der Scheidung schwere Konflikte — mit Verletzungen und Enttäuschung — vorausgingen, wird sie als Erleichterung angesehen, als Schlußstrich unter einem Lebensabschnitt, der einer Fortsetzung nicht wert ist. Trotzdem ist eine reine Euphorie relativ selten. Meistens ist sie nicht stabil genug und erschöpft sich leicht; sie wird durch eine zwanghafte Verarbeitung der Vergangenheit von Zweifeln, Selbstunsicherheiten und Ängsten durchbrochen. Nicht immer ist diese Euphorie echt. Oft stellen solche Hochgefühle eher eine Abwehr depressiogener Impulse bis hin zur Verleugnung und Verdrängung drückender Probleme dar. Zwischen einer adäquaten euphorischen Reaktion und Abwehrmechanismen zu unterscheiden ist nicht immer leicht. Hypomanische Aktivitäten nach der Scheidung verraten oft durch ihre Hektik und Anspannung, daß sie nicht dauerhaft sein werden. Ein ausgesprochen manischer Zustand folgt meist einem einseitig zu schweren Trauma und kann als Belastungsmanie bezeichnet werden. Im Vergleich dazu kann gerade eine echte Entlastung von den früheren, wenn auch konfliktreichen traumatisierenden Zuständen in der Ehe zu einer Entlastungsdepression führen, mit existenziellen Gefühlen der Sinnlosigkeit. Zu erklären ist dies damit, daß sowohl der frühere Lebensentwurf als auch emotionale Ziele verloren gingen. Vor allem bietet sich zunächst auch keine Möglichkeit mehr, eigene Aggressionen und Unzufriedenheiten abzureagieren. Zu starke rationale Kräfte können allerdings dazu führen, daß man sich keine Depression erlauben darf, weil man eigentlich das erreicht hat, wonach man sich sehnte und was mit viel Opferbereitschaft angestrebt wurde. Hier setzt der Mechanismus des „Nicht-traurig- und Nicht-unzufrieden-sein-dürfen" (*Bojanovsky* 1982) ein, was als pathogenetische Mechanismen zu protrahierten Depressionen führen kann.

5 Rationale Verarbeitung der Traumen

Auf der anderen Seite helfen die rationalen Kräfte bei der Verarbeitung der Krise. Sie führen dazu, daß man eine bestimmte Erklärung des ganzen Verlaufs der Ehe mit ihrer Krise und Beendigung findet, was *Weiss* sehr trefflich als „Interpretation" bezeichnet hat. Diese Interpretationen sind ein akzeptabler Kompromiß zwischen der realistischen Verarbeitung und der Abwehr des Selbstwerts, der zu schwere Versagungsgefühle oder moralische Vorwürfe verdrängt und einen großen Teil der Schuld dem Partner zuschiebt. Diese Interpretationen beinhalten also selektive Amnesie der schlimmsten, demütigendsten Augenblicke, die den menschlichen Mechanismus der Idealisierung der Vergangenheit mit sich bringt. Es ist dann kein Wunder, daß diese Interpretationen der Ehe von beiden ehemaligen Partnern ganz unterschiedlich ausfallen und es werden nicht einmal dieselben Probleme erwähnt. Einer beschreibt z.B. die charakteristischen Inkompatibilitäten und Fehler, der andere Partner benutzt zur Interpretation berufliche Probleme, eigene oder des anderen, oder erotische Komplikationen, die durch eine Dreierbeziehung entstanden sind (*Weiss* 1980).

6 Emotionale Scheidung

Diese psychodynamischen Probleme spielen eine wichtige Rolle in dem Prozeß der emotionalen Scheidung. Unter ihr versteht man vor allem 1. die Bindungslösung, 2. die Verarbeitung der eventuell entstehenden Traumen und 3. die Knüpfung von neuen, stabileren emotionalen Beziehungen und Zielsetzungen. Im Gegensatz zu der rechtlichen Scheidung fängt dieser Prozeß schon lange vorher in der Ehe an, nämlich dann, wenn die Konflikte sich häufen, eine Entfremdung auftritt und man immer weniger gewillt ist, gegenseitig emotionale Investitionen einzubringen. Er kann sich entsetzlich lange hinziehen, manchmal bis zum Tod der Betroffenen, wenn auch nur schwelend mit Reaktivierung bei bestimmten Situationen, z.B. nach einem Wiedersehen mit dem Partner oder bei dessen Wiederheirat, bei früher gemeinsam verbrachten Feiertagen (Weihnachten, Geburtstage etc.), beim Erleben ähnlicher Traumen oder auch Versagungen auf anderen Gebieten. Diese Reaktivierungen beleben die störenden Restgefühle, wie Neid auf das erfolgreichere Schicksal des anderen, Eifersuchts-, Sehnsuchts- und Verbitterungsgefühle, wieder. Die Verarbeitung der Traumen beinhaltet einerseits Heilung der Wunden, Versöhnung mit bestimmten Verlusten, z.B. eines bestimmten Lebensabschnitts mit Fehlinvestitionen, auf der anderen Seite eine rationale Verarbeitung der Ehe und der Scheidung, indem man möglichst viel daraus lernt, vor allem über sich selbst. *Bohannan* (1970) nennt nur den ersten Teil die emotionale Scheidung, verbunden mit dem Problem des Kummers, den zweiten die psychische Scheidung, die zur Heilung führt. Diese psychische Scheidung, mit besserer Erkenntnis der eigenen Person, kann wie jede Krise zu einer Reifung der Persönlichkeit führen.

Reifung nach einer Scheidung

Man kann folgende Charakteristika der Reifung aufführen (die das Erleben eines Kindes von dem eines gesunden Erwachsenen unterscheidet): Man stützt sich weniger auf die eigene Phantasie bei der Erstellung von Wunschbildern und beim Abreagieren eigener Traumen, sondern ist mehr realitätsbezogen. Zum anderen erhöht sich die Toleranz zu Frustrationen. Außerdem entwickelt man einen stärkeren Willen, das bedeutet, daß man auch auf entfernte Ziele hinarbeiten kann und sich nicht durch momentane Situationen ablenken läßt. Man erlangt eine größere Unabhängigkeit von dem Druck der Meinungen der Autoritäten bis zu einer bestimmten Selbständigkeit, die eigene oder fremde Meinungen abzuwägen vermag. Im gleichen Maße wächst das Selbstvertrauen in die eigenen Fähigkeiten (*Mastery*), das als selbsterfüllende Prophezeihung weiter zu Erfolgen führt. Es gibt auch weniger Konflikte zwischen den eigenen sexuellen, erotischen, Macht- und moralischen Motivationen, und die eigene Ichbezogenheit wird abgeschwächt. Die Fähigkeit, sich selbst ruhig zu betrachten und auch die negativen Seiten des Lebens besser zu ertragen, wächst. Diese Eigenschaften führen dazu, daß man zu einer größeren Selbsterkenntnis kommt, nicht nur dem jetzigen Rollenverhalten während der Ehe und Scheidung entsprechend, sondern auch den Übertragungen aus der Kindheit, mit kindlichen Wünschen und Komplexen. Man entwickelt eine größere Kreativität mit Durchsetzungsvermögen, mit Öffnung und Erweiterung der eigenen Persönlichkeit und Sensibilität und zeigt eine gewisse Kompromißfähigkeit mit tragfähiger Autonomie vom gesellschaftlichen Druck, aber ist auch fähig, eigene gesellschaftliche Verantwortung zu übernehmen. Falls die Scheidung zu diesen Ergebnissen geführt hat, wurde die Zeit der früheren Verluste und Enttäuschungen emotional mehr als ausgeglichen.

7 Andere objektive Probleme

Manche Psychotherapeuten neigen dazu, sich von den psychodynamischen Problemen voll einnehmen zu lassen und die objektiven situativen Faktoren zu vernachlässigen. Wie *Pearlin* und *Johnson* (1977) nachgewiesen haben, hängt die Depression der Nichtverheirateten (auch der Geschiedenen) von objektiven ökonomischen Schwierigkeiten, sozialer Isolation und elterlichen Pflichten ab. Es ist allerdings schwer zu unterscheiden, ob die soziale Isolation und die Bewertung der eigenen ökonomischen Situation die Schwere der Depression beeinflußt oder umgekehrt. Nur die Zahl der kleinen Kinder könnte man als einen mitverursachenden Faktor bei der Entstehung der Depressionen betrachten. Ähnlich hat auch *Raschke* (1977) eine signifikante Korrelation zwischen der sozialen Aktivität und dem Streß, gemessen an der Zahl der mit der Scheidung zusammenhängenden Probleme, gefunden. Wie sie auch selber erklärt, ist die Richtung der kausalen Beziehung nicht eindeutig. Männer zeigten größere Aktivität als Frauen, was begreiflich ist wegen der sozialen Rolle des Mannes im Beruf und im Anknüpfen erotischer Beziehungen, in seiner größeren Unab-

hängigkeit von den Erziehungspflichten und seiner meistens auch
größeren finanziellen Stärke. Von Interesse ist, daß ältere Männer
aktiver waren als jüngere, während der Einfluß des Alters bei Frau-
en nicht feststellbar war. Diese Unterschiede äußerten sich vor allem im dritten Jahr nach der Scheidung oder Trennung. In den ersten sechs Monaten war die soziale Aktivität sowohl bei Frauen als
auch Männern sehr niedrig; bei Frauen unabhängig von der Menge
der Probleme. Im zweiten Jahr stieg die Aktivität bei beiden Geschlechtern und erst nach dem dritten Jahr trat der Unterschied
voll zutage. Diese Untersuchung betraf allerdings eine selektierte
Gruppe der Teilnehmer, nämlich alleinstehende Eltern, die sich in
der Organisation Parents without Partners zusammengeschlossen
hatten.

Eine erfolgreiche Verarbeitung der Scheidung ist selbstverständlich in hohem Maße von der objektiven Situation und den entsprechenden Problemen abhängig. Die wichtigsten Probleme, die während und nach der Scheidung entstehen, sind vor allem Probleme
mit den Kindern, mit ihrer Reaktion auf die neue Situation und
ihre Erziehung, Probleme mit der möglichen eigenen Isolation und
der Beziehung zum früheren Ehepartner und Freunden, mit neu
auftretenden sexuellen und erotischen Bindungen, außerdem auch
juristische, finanzielle, berufliche und sonstige Probleme. Sie beeinflussen einerseits die psychodynamische Verarbeitung – zum Beispiel verstärken sie die Uneinigkeiten, Interessenkonflikte in finanziellen und anderen Schwierigkeiten zwischen den sich scheidenden
Partnern –; Angst vor der Einsamkeit führt zu Überkompensierun-
gen, Flucht in soziale unangemessene Aktivitäten und auch in die
Abhängigkeit von Alkohol und Drogen. Andererseits sind die Lösungen dieser Komplikationen von der psychodynamischen Problematik weitgehend beeinflußt. Sie stellen ein wichtiges und oft
erwünschtes Feld dar, auf das man eigene Probleme verschieben
kann, vor allem eigene Verletzungsgefühle mit Ärger und Zorn
gegenüber dem ehemaligen Partner. Wie bekannt, können dadurch die größten Schäden an den Kindern verursacht werden.
Wir möchten trotzdem auf diese objektiven Probleme nicht näher eingehen, weil sie nur teilweise mit der psychiatrischen Situation zusammenhängen, sehr umfangreich sind und es hierzu
bereits zahlreiche ratgebende Literatur gibt, vor allem für erzie-
herische, juristische und finanzielle Probleme (siehe dazu die Bi-
bliographie von *Israel* 1956). Einen Übergang zu unserem Thema bilden vor allem die Bücher von *Hunt* (1966) und von *Weiss*
(1980), die die häufigsten Konstellationen beschreiben, zugleich
mit ihrer psychologischen Problematik. Diese ausgezeichneten
Bücher eignen sich nicht nur für die Betroffenen, sondern geben

auch allen Therapeuten erste Übersicht, die sich mit der psychiatrischen Problematik der Geschiedenen beschäftigen.

II   Entwicklungsphasen der Scheidung

1 Typischer Verlauf

Verschiedene Autoren haben bei dem Scheidungsablauf mehrere Phasen unterschieden. Zum Beispiel beschreibt *Waller* (1930) in der ersten Phase die Unterbrechung der alten Gewohnheiten, in der zweiten Phase den Anfang eines Wiederaufbaues des eigenen Lebens, in der dritten Phase die Suche nach neuen Liebesobjekten und in der abschließenden Phase die vollzogene Anpassung. Dagegen erfaßt *Kessler* (1975) schon die vorausgehende Entwicklung als Desillusionierung, Enttäuschung in der ersten Phase, Streitigkeiten in der Ehe mit gegenseitigen Verletzungen und Feindschaft in der zweiten Phase, sich Abgrenzen in der dritten Phase, physische Trennung in der vierten Phase, Trauerverarbeitung in der fünften Phase, neue Reifung in der sechsten Phase und normales hartes Leben in der siebten Phase. Andere konzentrieren sich vor allem auf den Verlauf der Verlustverarbeitung, zum Beispiel *Wiseman* (1975) und identifizieren in der ersten Phase Verleugnung, Verdrängung, in der zweiten Phase depressive Verarbeitung des Verlustes, in der dritten Phase Aggressivität und Ambivalenz, in der vierten Phase Neuorientierung eigener Identität und eigenen Lebensstils und in der fünften Phase Akzeptieren und Annehmen der Vergangenheit und ein neues Leben. Ähnlich schildern *Froiland* und *Hozman* (1977) die Phasen der Verleugnung, der Aggressivität, der Verhandlung, der Depression und des Akzeptierens. *Levy* und *Joffe* (1977) unterscheiden Trennung, danach die Individuation und neue Verbindung.

Alle Phasen gehen ineinander über und können untereinander fluktuieren, sich eventuell abschwächen und dann wieder verstärken.

Rein deskriptiv kann man einen Scheidungsprozeß in drei Phasen aufteilen, so wie dies auch *Framo* (1980) und *Paul* (1980) tun:
1. das Vorstadium der Scheidung oder die Entscheidungsphase,
2. die Scheidungsphase selbst oder die juristische Phase, und
3. das Stadium nach der Scheidung, die nachjuristische Phase.

Beide Autoren haben auch den am meisten wiederkehrenden Verlauf ähnlich beschrieben: Nach wiederholten Ehekrisen und gegenseitigen Verletzungen kommen die ersten Drohungen mit der Scheidung, mit denen vorerst nur gewarnt oder eingeschüchtert werden soll. Mit dem Nachlassen der positiven Beziehungen wächst dann die Entfremdung, man investiert gegenseitig weniger und es kommt zu einem Vertrauensschwund. Das Bild, das sich die Ehepartner zunächst vor allem aus den positiven Zügen geformt haben, ändert sich langsam — mitunter auch recht schnell — in das gegenteilige Extrem, wobei man dann insbesondere die negativen Seiten des Partners wahrnimmt. Manchmal ist die Veränderung so schnell, daß man glauben kann, jetzt einen völlig anderen Menschen neben sich zu haben als den, in den man früher verliebt gewesen war. Man fängt an, sich gegenseitig zu sagen, „was man von dem anderen tatsächlich denkt". Man beraubt sich aller Illusionen, die zur Erhaltung der Ehe nun einmal notwendig sind. Häufiger ist aber der Umschlag nicht so schnell, zunächst kommt es eher zu einer Unentschlossenheit, Ambivalenz, mit einem quälenden Hin-und-Her-gerissenwerden, was durch die Angst vor dem Alleinsein noch intensiviert wird. Man läßt sich auf endlose, zu nichts führende Diskussionen ein, die eher einen Zustand andauernder Verbitterung auslösen. Gegenseitige, sich allmählich steigernde Niederträchtigkeiten als „Strafe" zur Abgeltung des erlittenen „Verrats" und erduldeten „Unrechts" bestärken diesen Prozeß darüberhinaus. Man fängt an zu „rüsten", andere Beziehungen werden intensiviert, Freunde zur Beratung herangezogen, da man eine emotionale Stütze in diesem Prozeß braucht.

Im zweiten Stadium entschließt sich ein Ehepartner zur Beratung durch einen Rechtsanwalt, was meistens auch der andere tut, um nicht schutzlos zu bleiben. Es beginnen Verhandlungen, die oft irrationale Einstellungen mit sich bringen, da keiner der Dumme sein will und seine Überlegenheit bewahren möchte. Hin und wieder wird aber auch eine unerwartete Großzügigkeit an den Tag gelegt. Dann bricht die gesellschaftliche Fassade zusammen, was wiederum verschiedene Einflüsse und Eingriffe der Umgebung mit Ratschlägen und Mißbilligungen mit sich bringt. Die Partner suchen nach einem Ersatz, um nicht die Rolle des Verlassenen spielen zu müssen. Um die alten Beziehungen schneller zu zerschneiden, steigert man sich in Haß- und Schmähgefühle, wobei alte Verletzungen aus der Vergangenheit reaktiviert werden. Man wird sich immer mehr bewußt, daß der Prozeß nicht mehr rückgängig zu machen ist.

In diesem Stadium ist die Rolle des Anwalts sehr wichtig, der die Streitigkeiten mißbrauchen kann, aber auch die Möglichkeit hat, aus humanistischen Gründen den Streit zwischen den Parteien zu mildern. Er wird dabei aber auch oft emotional in Mitleidenschaft gezogen, z.B. durch die irrationalen, schwankenden Einstellungen der Ehepartner.

Erst in dem dritten, postjuristischen Stadium überwiegt die Verarbeitung des Geschehenen, die psychodynamische Arbeit mit sich selbst, die oben beschrieben wurde. Auch hier kann man zwei bis drei Stadien unterscheiden; ein möglicher anfänglicher Schock bei

dem Partner, der noch starke (wenn auch ambivalente) Bindungen
zu dem anderen hat, oder wenn die anfänglichen Probleme zu
stark werden. Danach kommt das Stadium der emotionalen Verarbeitung, währenddessen man nur an der Oberfläche einigermaßen
normal leben kann, bis sich dann andere Interessen und Ziele einstellen, die zu einer neuen und stabileren Identität führen.

2 Emotionale Belastung im Verlauf des Scheidungsprozesses

Je nach Persönlichkeit und spezifischer Situation ist offensichtlich auch die größte Belastung während dieser Stadien unterschiedlich. Es zeigt sich, daß bei den meisten die Trennung und
vielleicht auch die Zuspitzung der Ehekonflikte davor schlimmer
erlebt wird als die Scheidung selbst. Darauf deuten die life-event-
Forschung, z.B. von *Paykel* (1969) oder *Myers* (1972), höhere Morbiditätsraten der Getrennten als der Geschiedenen, referiert z.B.
von *Radloff* (1975), *Pearlin* (1977) oder *Schwab* (1979), oder
auch direkte, wenn auch retrospektive Befragung der Geschiedenen,
durchgeführt z.B. von *Goode* (1969), *Chester* (1971b) oder *Bojanovsky* und *Wagner*.

Mit der Zeit läßt also die Traumatisierung nach, gleichermaßen
verringern sich die Anpassungsprobleme. Nur zwei Untersuchungen
berichten das Gegenteil, nämlich *Deckert* und *Langelier* (1978) bei
Frauen, die vor der Scheidung 20 Jahre und länger verheiratet waren, und *Hetherington* et al. (1976), die über ein Ansteigen von
Distress für Männer und Frauen bis zum zweiten Jahr nach der
Scheidung referieren, mit nachfolgender Milderung.

Bei diesem Prozeß muß man auch mit Reaktivierungen rechnen,
z.B. bei Feiertagen wie Weihnachten, die man früher gemeinsam
verbrachte (z.B. *Weiss* 1980), aber auch bei der Wiederverheiratung
des ehemaligen Partners (*Hetherington* 1978).

Obwohl also der Trennungsprozeß mit zusätzlichen Traumatisierungen schon lange vor der Scheidung stattfindet, dauert die Verarbeitung doch bei jedem unterschiedlich lange. *Weiss* (1980)
schätzt hier auf Grund seiner Erfahrungen, daß es bis zu vier Jahre
dauert, bis man wieder voll ausgeglichen sein kann. Allerdings hat
Hetherington (1976) bei seiner Untersuchung herausgefunden, daß
die Betroffenen im ersten Jahr nach der Scheidung noch mit vielen
Schwierigkeiten zu kämpfen hatten, während nach Ablauf eines
Jahres die meisten Probleme erledigt waren. Bei dem einen handelt
es sich um ein kurz dauerndes, leicht zu lösendes Problem, bei dem
anderen um einen bis zum Tod andauernden schmerzhaften Prozeß.

Spivey und *Scherman* (1980) prüften, welche Wirkung die Zeit nach der Scheidung auf die getrennten Ehepartner ausübt, indem sie vier Gruppen geschiedener Frauen mit jeweils unterschiedlicher Zeitspanne zwischen den Scheidungsanträgen mit einer Kontrollgruppe von frisch verheirateten und einer zweiten Kontrollgruppe von stabil verheirateten Frauen verglichen. Die Untersuchten waren allerdings hoch selektiert: es waren Teilnehmer von Gruppen, die von der Kirche geleitet wurden, mit einer höheren Schulbildung, die im letzten Jahr nicht psychologisch oder psychiatrisch behandelt wurden und die außerdem freiwillig Fragebögen ausfüllten. Die in den letzten sechs Monaten geschiedenen oder verheirateten Frauen zeigten größtes Score bei der Messung von Streß. Dagegen waren die Geschiedenen mit einem bis eineinhalb Jahren nach dem Scheidungsantrag wesentlich mehr adaptiert, aber mit einem höheren Score von Depression und einem Mangel an Selbstdisziplin und bei der Berücksichtigung sozialer Regeln. Die Stimmung dieser Personen schwankte in der fraglichen Zeitspanne häufig von Tag zu Tag zwischen angenehmen Gefühlen und Verzweiflung. Es scheint, daß der anfängliche Streß mit verschiedenen Belastungen die eigenen psychischen Probleme zum Teil verdrängen kann und daß sich diese erst nach einer bestimmten Zeit äußern. Die letzten zwei Gruppen der Geschiedenen mit dreieinhalb und viereinhalb Jahren sowie mehr als sechseinhalb Jahren nach dem Scheidungsantrag unterschieden sich nicht mehr von der Gruppe der stabil Verheirateten.

Der Verlauf ist sehr uneinheitlich, weil es sich nicht nur um ein Lebensereignis — life event — handelt, sondern auch darum, daß die Betroffenen nun die soziale Rolle eines Geschiedenen übernehmen und somit einem unterschiedlichen sozialen Druck ausgeliefert sind. Diese sozialen Bedingungen haben dann auch zur Folge, daß Männer und Frauen nicht den gleichen Belastungen unterliegen. Es scheint, daß die Männer etwas heftiger, aber auch schneller reagieren und sich dann früher kompensieren können, während die Frauen mehr Zeit hierfür benötigen (*Hetherington* 1978, *Bojanovsky* 1979). Wahrscheinlich reagieren Männer am Anfang aggressiver und stehen den täglichen Aufgaben eher hilflos gegenüber, dann aber ist ihre soziale Rolle leichter, da sie eher Partnerschaften anknüpfen können und auch Kompensierungen im Beruf und auch sonst finden. Nur *Krantzler* (1977) hatte den Eindruck, daß die Reaktion bei den Frauen heftig und kurzfristiger verliefe, während es sich bei den Männern eher umgekehrt verhielte.

III Der Umfang der Problematik

1 Anteil der Betroffenen in der Gesamtbevölkerung

Die Scheidungsraten sind in diesem Jahrhundert in allen westlichen Ländern steil angestiegen (s. Abb. 1 und 2). Dieser Prozeß begann in USA ca. 10 Jahre früher als in anderen Staaten (*Goode* 1976), vielleicht wegen des größeren Industrialisierungs- und Urbanisierungsgrades. Trotz der jetzt etwas verlangsamten Entwicklung

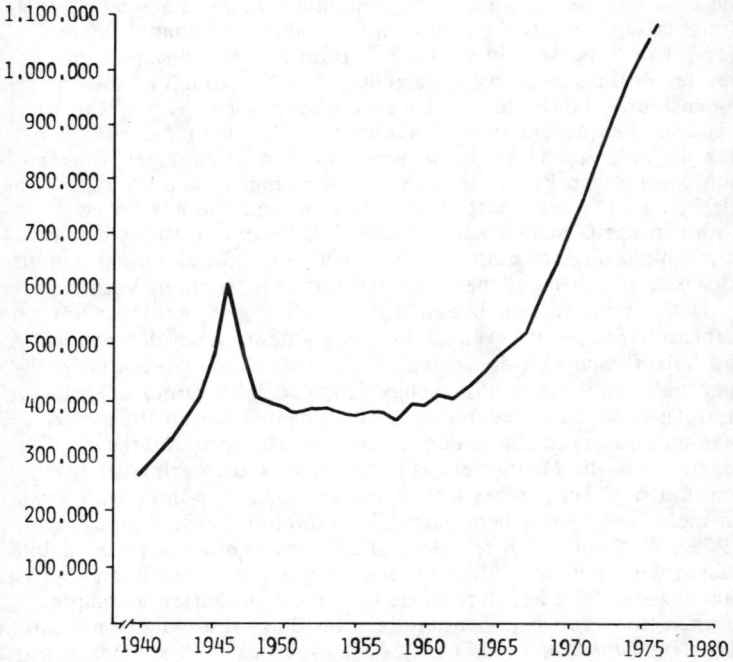

Abb. 1   Zahl der Scheidungen in den USA 1940–1976
Quelle: *Plateris, A.A.:* Data from the National Statistics Systems no. 29. (DHEW publication No. (PHS) 78-1907). U.S. Department of Health, Education, and Welfare, Public Health Service, National Center for Health Statistics. Hyattsville, Md., March 1978

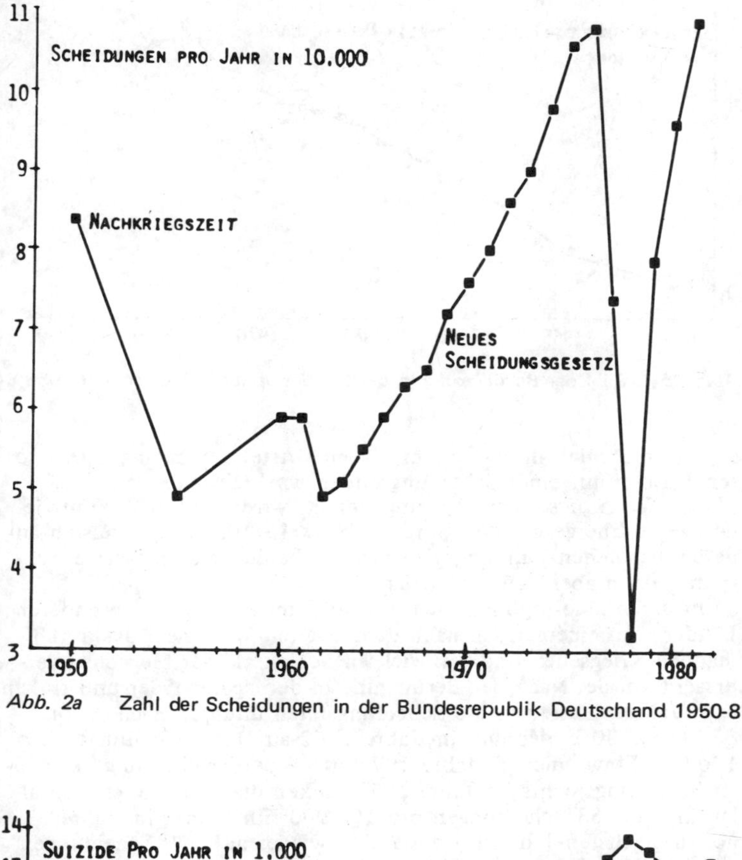

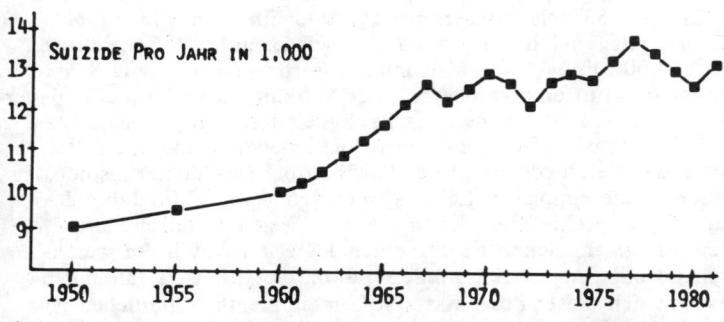

Abb. 2a Zahl der Scheidungen in der Bundesrepublik Deutschland 1950-81

Abb. 2b Zahl der Suizide in der Bundesrepbulik Deutschland 1950-1981

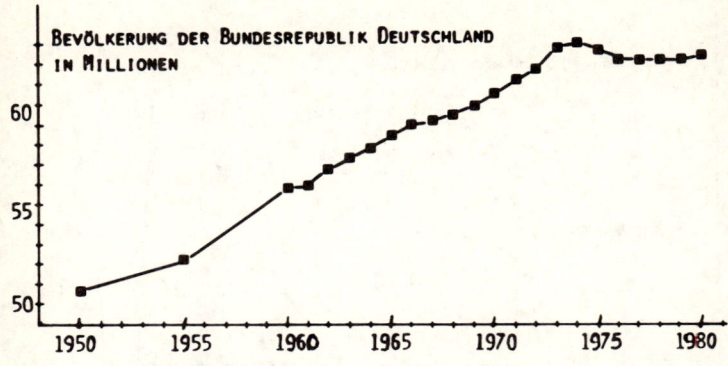

Abb. 2c   Zahl der Bevölkerung in der Bundesrepublik Deutschland 1950-81

schätzt man, daß in USA mehr als ein Drittel der unlängst geschlossenen Ehen mit einer Scheidung enden wird (*Spanier* und *Glick* 1981). Wenn dieser Trend weiter anhält, wird wohl in Zukunft jede zweite Ehe geschieden werden (*Weiss* 1980). In den meisten anderen westlichen Ländern stiegen die Scheidungsraten zwar etwas später, dafür aber dann schneller an.

In der Bundesrepublik Deutschland kam es, wie in den anderen Ländern, zu einem Hoch nach dem zweiten Weltkrieg, das durch manche Kriegsehen und verzwickten Schicksale der Menschen verursacht wurde. Nach der Beruhigung in den späten 50er und frühen 60er Jahren kletterten die Scheidungsraten ununterbrochen von 87,7/100.000 Einwohner im Jahre 1962 auf 176 Scheidungen pro 100.000 Einwohner im Jahre 1976. Nach der Erscheinung des neuen Scheidungsrechts im Jahre 1977 sanken die Scheidungsraten allerdings auf 53 Scheidungen pro 100.000 Einwohner im Jahre 1978 ab. Im nächsten Jahr stiegen sie aber wieder auf 129 Scheidungen pro 100.000 Einwohner. Man muß abwarten, ob das neue Scheidungsgesetz nur eine vorübergehende Senkung oder doch eine dauerhafte Minderung der Scheidungshäufigkeit mit sich gebracht hat.

Da die meisten Geschiedenen jedoch wieder heiraten, ist der Anteil der Geschiedenen in der Bevölkerung viel kleiner als der der Personen, die einmal im Leben geschieden wurden. Im Jahre 1950 stellten die geschiedenen Männer einen 1%igen Anteil der männlichen, die geschiedenen Frauen einen 1,7%igen Anteil der weiblichen Bevölkerung in der Bundesrepublik dar. Bis zum Jahre 1964 bewegte sich dieser Prozentsatz auf einem ziemlich ähnlichen Niveau (mit 0,9% bei den Männern und 2% bei den Frauen). Bis zum

Jahre 1976 ist die Anzahl der Geschiedenen auf 2,0 bzw. 2,9% angestiegen und auf dieser Höhe auch 1979 geblieben. In den 10 Jahren von 1968 bis 1977 ließen sich 1.700.000 Menschen in der Bundesrepublik scheiden, wovon die Mehrzahl mit bestimmten psychischen Problemen zu kämpfen hatte.

Bei der Scheidung handelte es sich um einen Prozeß, der meistens mit den Konflikten in der Ehe anfängt, zu ihrer Zerrüttung führt und bei dem es erst nach der Trennung gemäß dem neuen Gesetz zu einer Scheidung kommen kann.

2 Der Verlauf — statistisch gesehen

Dieser ganze Prozeß verläuft unterschiedlich lange und mit immer kleinerer Anzahl der Beteiligten bei jeder Stufe. *Glick* und *Norton* machten 1976 die Feststellung, daß in USA 38% der Ehen mit einer Scheidung endeten, von diesen Geschiedenen 75% wieder heirateten und von diesen dann wiederum 44% geschieden wurden. Etwas später gaben *Spanier* und *Glick* (1980) folgende statistischen Angaben aus den Vereinigten Staaten zu der durchschnittlichen Lebenskarriere der Geschiedenen bekannt: die modale, am meisten vorkommende Zeitspanne zwischen Heirat und Scheidung beträgt zwei bis drei Jahre, während die mediane, das heißt die mittlere zwischen der kürzesten und der längsten Zeitspanne, sieben Jahre beträgt. Die mediane Zeitspanne zwischen Scheidung und Wiederheirat macht drei Jahre aus, innerhalb von zwei Jahren nach der Scheidung heiratet ein Drittel der Geschiedenen wieder. Fünf Jahre nach der Scheidung war ungefähr die Hälfte der Frauen wieder verheiratet, 21% heirateten nach weiteren fünf Jahren und von 28% der zur Zeit der Untersuchung noch Geschiedenen heiratet ein Viertel wahrscheinlich noch später. Schwarze Frauen heiraten nach einer Scheidung allerdings nicht so häufig wieder, und wenn, dann erst nach längerer Zeit. Die Wiederheirat bei Frauen ist häufiger, je früher sie zum erstenmal heirateten und je früher sie geschieden wurden, je kürzer die Ehe war, je weniger Kinder vorhanden waren und wenn sie keine akademische Ausbildung hatten — wobei diese Faktoren eng zusammenhängen. Die Wiederheirat ist bei Männern und Frauen nach der Scheidung oder Verwitwung gleich häufig. Da Frauen allerdings im Durchschnitt länger leben und deshalb die Zahl der geschiedenen und besonders der verwiteten Frauen die der Männer deutlich überwiegt, ist die Wiederheiratsrate der Männer dadurch erheblich größer.

Schon zeitlich können Ehekrisen bis zur Trennung sehr unterschiedlich verlaufen. Die Zeit kann sehr kurz sein bei einer affek-

tiven Kurzschlußhandlung oder wenn bereits eine neue Bindung
besteht und die Ehe aus diesem Grund schnell aufgelöst werden
soll. Meistens jedoch zieht sie sich mit verschiedenen Schwankungen, gebremst durch Trennungsängste und mancherlei Rücksichten,
lange hin. Auch lassen sich nicht alle Getrennten scheiden. Ein Teil
der Trennungen endet mit der Rückkehr in die Ehe oder bleibt als
chronischer Zustand bestehen. Wieviele Trennungen mit einer Scheidung enden, ist wiederum nicht bekannt. Kommt es aber zu einer
Scheidung, so zeigte sich in den letzten Jahren die Tendenz, daß
sich die Zeit zwischen Krise und Scheidung zunehmend verlängerte.
In der Bundesrepublik wird die kürzeste Zeitspanne auf ein Jahr
festgelegt, falls es nicht zu unzumutbaren Härten kommt. Wenn
sich allerdings beide Ehepartner absprechen, können sie auch nach
sehr kurzer Zeit vor dem Eherichter aussagen, daß sie schon seit
einem Jahr getrennt leben, ohne daß dies zu kontrollieren ist. In
verschiedenen Untersuchungen hat z.B. *Chester* in England die Zeit
zwischen Trennung und Scheidung im Median mit 2,9 Jahren angegeben. In den Vereinigten Staaten wurden im Jahr 1974 die Ehen
im Durchschnitt 1,9 Jahre nach der Trennung geschieden (*Bloom*
1978). Bei einer durch telefonische Anfragen durchgeführten Untersuchung in Colorado hat *Bloom* et al. (1977) festgestellt, daß 75%
der Getrennten nach durchschnittlich einem Jahr sich scheiden lassen. Ähnlich hat *Goode* (1969) bei einer Untersuchung der geschiedenen Frauen bald nach dem zweiten Weltkrieg gefunden, daß zwischen der ersten Überlegung bezüglich einer Scheidung und dem
Einreichen der Scheidungsklage im Durchschnitt etwa ein Jahr lag
und dann weitere 8,3 Monate zwischen Klage und Gerichtsurteil
vergingen. Nur ein Drittel aller geschiedenen Frauen brauchte mehr
als zwei Jahre, um nach ersten Überlegungen über eine eventuelle
Scheidung zu dem Scheidungsurteil zu kommen. Zur Trennung
kam es bei 39% vor dem endgültigen Entschluß zur Scheidung und
bei weiteren 40% zwischen dem endgültigen Entschluß und der
Einreichung der Scheidungsklage.

Der Zeitabschnitt des Lebens als Geschiedene wird von den meisten allerdings durch eine Wiederheirat oder ein informales Zusammenleben beendet. Unter den verbleibenden Geschiedenen kann
man drei Gruppen unterscheiden: Diejenigen, die ihre „wiederge-
wonnene Freiheit" jetzt voll genießen — mit der Steigerung der
Scheidungsraten werden sie nicht mehr als kleine Minderheit unter
einen starken sozialen Druck gesetzt und finden häufiger Mitläufer.
Dann die Gruppe derer, die erkennen, daß sie doch nicht für eine
Partnerschaft geeignet sind und lieber ruhig allein zurückgezogen
leben. Und die dritte Gruppe, die wegen sozialer Umstände (vor allem die älteren) nicht mehr die Gelegenheit zur Wiederheirat findet,
obwohl sie ihren Zustand nicht als befriedigend empfindet.

Mit den steigenden Scheidungsraten und dem damit verbundenen Absinken von Vorurteilen findet auch die Wiederheirat häufiger statt. So gibt *Hunt* (1966) an, daß sich innerhalb von zwei Generationen die Wiederheiratsquoten der Geschiedenen in USA von einem Drittel auf sechs Siebtel erhöht haben. Allerdings hat sich die Wiederheiratsquote in der letzten Dekade wieder etwas gemindert. Die Wahrscheinlichkeit einer Wiederheirat ist naturgemäß bei Jüngeren viel größer als bei Älteren und bei Männern (mit fünf Sechstel) größer als bei Frauen (mit drei Viertel der Wiederheiratsquote) (*Glick* 1975).

Das durchschnittliche Alter bei Heirat, Scheidung, Wiederheirat und zweiter Scheidung in den Vereinigten Staaten in den Jahren von 1900 bis 1959 ist auch Thema eines Referats von *Beal* (1980). In der Zeit zwischen 1955 und 1967 hat sich die Dauer bis zur ersten bzw. auch zur zweiten Scheidung verkürzt.

Bernard gab noch 1971 an, daß die Wiederverheirateten sich seltener scheiden lassen als die Erstverheirateten. Die Statistiken aus den ganzen Vereinigten Staaten in den Siebziger Jahren zeigen allerdings, daß die Wahrscheinlichkeit einer Scheidung bei der Wiederheirat wenigstens doppelt so hoch ist wie bei der ersten Heirat. Eine wiederholte Scheidung kann selbstverständlich die Versagungsgefühle noch erhöhen und so zu einer tieferen Depression führen. Das gilt allerdings nicht in solchen Subkulturen, z.B. in Hollywood, bei denen wiederholte Scheidungen salonfähig sind und damit zum akzeptierten Normverhalten gehören.

Die Zeit zwischen Scheidung und Wiederheirat ist auch sehr unterschiedlich lang. *Goode* hat bei den nach dem zweiten Weltkrieg geschiedenen Frauen festgestellt, daß in 26 Monaten nach der Scheidung 53% wieder verheiratet waren. Die Statistiken aus der Bundesrepublik Deutschland zeigen, daß die Wiederverheiratungsbereitschaft sich nach dem Alter und dem Geschlecht unterschiedlich verhält. Während sie sich bei den Männern und jüngeren Frauen zwischen den Sechziger und Siebziger Jahren ähnlich wie die Heiratsneigung Lediger vermindert hat, stieg sie bei geschiedenen Frauen über 30 Jahren noch etwas an. Sie haben aber immer noch weitaus geringere Heiratserwartungen als Männer entsprechenden Alters. Während die Wiederheiratshäufigkeit bei Männern bis zum 25. Jahr bei 95,5%, bis zum 35. Lebensjahr noch bei 76,7% und bis zum 50. Lebensjahr bei 56% liegt, beträgt sie bei Frauen bis zum 25. Jahr 93,1%, bis zum 35. Lebensjahr 71,9% und bis zum 50. Lebensjahr nur noch 25,4%. Die Zeit zwischen Scheidung und Wiederheirat hat sich in den Siebziger Jahren bis zum 45. Lebensjahr wesentlich verlängert, am höchsten bei der Altersklasse bis zum 25. Lebensjahr, und zwar von drei Jahren in den Sechziger bis zu 6,6 Jahren in den Siebziger Jahren, so daß sie bei allen Altersklassen relativ ähnlich sechs bis sieben Jahre ausmacht.

Bei den Frauen hat sich nur bei den jüngsten die Zeit etwas verlängert, nämlich von 4,5 auf 6 Jahre, bei den übrigen Altersklassen hat sie sich nur unwesentlich verändert, so daß es in dieser Hinsicht jetzt keine geschlechtlichen Unterschiede gibt.

IV   Direkte Untersuchungen an Geschiedenen

Es ist überraschend, wie eindeutig die Geschiedenen als eine besondere Risikogruppe für psychische Krankheiten und Selbstmorde und auch die soziale Problematik der Scheidungen herausgestellt und wie wenig sie direkt untersucht wurden. Dabei beschrieb *Waller* bereits im Jahre 1930 33 Geschiedene und stellte bei ihnen eine Krisensituation mit Selbstwertverlust, interpersonalen, sexuellen, ökonomischen und Haushaltsproblemen fest, die mit den persönlichen Konflikten verbunden waren. Die bis jetzt umfangreichste Studie, die an geschiedenen Frauen bald nach dem zweiten Weltkrieg durchgeführt wurde (fast 40% der früheren Ehemänner waren Veteranen), stammt wohl von *Goode* (1956). Mit 537 von 892 in Detroit geschiedenen Frauen im Alter zwischen 20 und 38 Jahren konnte Kontakt aufgenommen werden, von denen wiederum 104 Frauen (d.h. 19%) die Untersuchung verweigerten. Bei dieser Befragung wurden die Probandinnen zeitlich in vier Gruppen unterteilt: bei der ersten Gruppe lag die Scheidung zwei Monate zurück, bei der zweiten Gruppe acht Monate, bei der dritten 14 Monate und bei der vierten 26 Monate. So konnten mit einer Querschnittuntersuchung auch einigermaßen longitudinale Probleme erfaßt werden. Drei Fünftel der Geschiedenen zeigten irgendwann einmal Zeichen persönlicher Desorganisation, hauptsächlich zur Zeit der Trennung. Der Schweregrad der psychischen Störungen wurde an der Häufigkeit der verschiedenen Beschwerden gemessen. Diese Methode kann allerdings in Frage gestellt werden. Bei dem Ergebnis zeigten 42% der Untersuchten mehrere Beschwerden nach der Scheidung an, 21% nur einige, während 37% der Befragten nur wenige Beschwerden angaben. In der ersten Gruppe mit den meisten Schwierigkeitsmerkmalen waren häufiger Katholiken aus ländlicher Umgebung, mit niedrigerem Ausbildungsstatus, verheiratet mit Männern aus mittleren bzw. gehobenen Berufsgruppen und mit längerer Ehedauer (also in höherem Alter und mit mehr Kindern und Besitz). Weitere Kennzeichen dieser Gruppe waren, daß der Mann zuerst den Scheidungsvorschlag machte, es häufig Schwankungen bei der Entscheidung gab und die Einstellung der Untersuchten ambivalent war, eine Dreierbeziehung bestanden hatte oder größere materielle Probleme zu bewältigen waren. Bei der Frau war der Wunsch, den Mann zu bestrafen (auch bei noch bestehenden positiven Beziehungen zu ihm), stark ausgeprägt. Auch fühlten sich die Geschiedenen durch ihre Umgebung diskriminiert, die deutlich ihr Mißfallen an einer Scheidung zum Ausdruck brachte. Günstigere Bedingungen waren gegeben, wenn von beiden der Vorschlag zur Scheidung kam, wenn die Einstellung zu einer Trennung der Ehe eindeutig positiv oder negativ war, wenn sich gute Alternativen zur Ehe anboten, wobei aktives gesellschaftliches Engagement hilfreicher war als professionell angebotene Beschäftigungen, wenn die Frau nach der Scheidung finanziell besser stand als vorher und wenn die Frau geschiedene Freunde hatte. Mit einem Eheberater hatten nur 14% der Befragten Kontakt aufgenommen.

Ähnlich analysierte *Blair* (1970) 65 geschiedene Frauen in Florida und faßte die folgenden ungüstigen Faktoren zusammen: höheres Alter, längere Ehedauer, niedriges Selbstvertrauen, höheres Angstniveau, mehrere Kinder, positive Einstellung gegenüber dem ehemaligen Ehepartner, schlechte finanzielle Lage, wenig Freude an der zum Teil angenommenen Berufstätigkeit. Ferner wirkte es sich ungünstig aus, wenn der Vorschlag zur Scheidung vom Mann kam und wenn die Familie oder die Freunde schon vorher gegen die Ehe protestiert hatten.

Locke (1968) verglich in den Vierziger Jahren mehrere hundert geschiedene Personen mit verheirateten, allerdings nicht parallelisierten Kontrollpersonen, die von ihren Freunden als glücklich verheiratet bezeichnet worden waren. Er fand folgende Merkmale einer guten ehelichen Anpassung: sexuelle Anziehungskraft, gute Kommunikation, Übereinstimmung in finanziellen, in religiösen Fragen mit einem ähnlich eingestellten Freundeskreis, der auch etwa den gleichen Lebensstil pflegte. Der Ehe war eine längere Bekanntschaft oder Verlobung vorausgegangen. Auch unter den Verwandten kam es seltener zu einer Scheidung. Die untersuchten Personen zeigten mehr Anpassungsfähigkeit, ein soziales Gewissen und Stabilität, es herrschte eine demokratische, konfliktarme Beziehung. Dagegen war bei den Geschiedenen eher ein Mangel an gegenseitiger Unterstützung sowie eine dominierende oder negative Einstellung dem Partner gegenüber festzustellen und es gab Alkohol- und andere Persönlichkeitsprobleme.

White und *Asher* (1976) interviewten 30 geschiedene Männer sechs bis zwölf Monate nach der Scheidung. Ihr wichtigstes Problem lag in der Vereinsamung, die von 60% der Befragten beklagt wurde. Einige hatten Probleme mit der Beschäftigung, mit der Kindererziehung und den Finanzen, es gab Schwierigkeiten bei der Bewältigung des Haushalts und ähnlichen Aufgaben. Die Männer, die unabhängig von ihren ehemaligen Frauen waren und ein von der Ehe unabhängiges soziales Leben geführt hatten, adaptierten sich am besten.

Hetherington (1978) empfand das Verhalten geschiedener Eltern im Vergleich zu dem verheirateter eher als ängstlich, depressiv, ablehnend, ratlos. Geschiedene Männer waren am Anfang mehr betroffen, weil meistens sie es waren, die die frühere vertraute Umgebung verlassen mußten. Dies kompensierten sie oft durch eine übersteigerte soziale Aktivität. Bei den Frauen traten solche Schwierigkeiten in aller Regel erst zu einem späteren Zeitpunkt auf, dafür benötigten sie aber auch eine wesentlich längere Zeitspanne, um ihre Probleme zu bewältigen. Diese bestanden vor allem in ihrer Hilflosigkeit, in dem durch die Scheidung geschwundenen Selbstvertrauen und dem Verlust der erotisch-sexuellen Beziehung. Sowohl Männer als auch Frauen haben sich am schnellsten adaptiert, nachdem sie eine neue heterosexuelle Beziehung anknüpfen konnten.

Meyers (1976) befragte 60 frisch geschiedene Frauen. Die Adaptation war leichter bei den Jüngeren ohne Kinder, die keine traditionellen sexuellen Normen vertreten haben und aktiver bei dem Scheidungsprozeß waren.

Chester (1971b) untersuchte in England 150 geschiedene Frauen sechs Monate bis drei Jahre nach der Scheidung, allerdings nur solche, die selbst die Scheidung beantragt hatten (in einer anderen Arbeit hat er gezeigt, daß zwei Drittel der Scheidungen von Frauen beantragt werden und daß diese Zahl sich im Ansteigen befindet (1971a). Die oben genannte Untersuchung zeigte deutlich, daß die meisten der Befragten ein beträchtliches Maß an Belastungen zu tragen hatten. Nur 20 behaupteten, daß ihre Gesundheit nicht beeinträchtigt wurde, obwohl auch diese verschiedene Beschwerden – Gewichtsverlust, Schlafstörung, Konzentrationsschwierigkeit – angegeben hatten, die sie jedoch für eine normale Reaktion auf die vorausgegangenen Geschehnisse hielten. Die übrigen 130 Geschiedenen fühlten sich gesundheitlich angeschlagen und die meisten (101) waren auf eine ärztliche Hilfe angewiesen. 25% der Untersuchten waren noch zwei Jahre nach der Scheidung in Behandlung. Als häufigste Beschwerden wurden Hoffnungslosigkeit, Orientierungslosigkeit, Verbitterung, Versagungsgefühle und Unsicherheit angegeben. Bei den körperlichen Beschwerden überwogen Kopfschmerzen und Schwindelgefühle, Exantheme, Haarausfall, Abszesse, Asthma, Appetitlosigkeit und Schmerzen in der Brust und im Magen. Mehrfach reagierten die befragten Frauen mit Weinen, Gewichtsverlust, Schlafstörungen, Müdigkeit und Konzentrationsstörungen, aber auch mit übermäßigem Rauchen und Selbstvernachlässigung. Am schwersten zu verkraften war die Zeit am Ende der Ehe und nach der Trennung. 60% nahmen Tranquillizer, 1,6% haben einen stationären psychiatrischen Aufenthalt angegeben.

Bei einer größeren gesundheitlichen Feldstudie von fast 200 Familien, in denen bei zwei Dritteln ein geistig behindertes Kind vorhanden war, verglich *Blumenthal* (1967) geschiedene mit verheirateten Eltern. Die Geschiedenen zeigten häufiger eine psychische

Störung (vor allem Alkoholismus und Depressionen) und wurden auch häufiger stationär behandelt. Über die Hälfte der angegebenen Scheidungsgründe deutete auf eine psychische Störung hin. Es schien also, daß die außerordentliche Belastung mit einem geistig behinderten Kind bei den Familien, in denen es zu psychischen Störungen der Eltern kam, zu einer Scheidung führte.

Hunt und *Hunt* führten in den Jahren 1975/76 eine umfangreiche Untersuchung mittels Fragebogen und bei einem kleineren Sample mit Interviews durch, allerdings bei einer selektierten Gruppe von Geschiedenen, die sich bei verschiedenen Institutionen zur Verfügung gestellt hatten. Die Ergebnisse über die gesundheitlichen Folgen der Scheidung sind dann im Text ihres Buches verstreut. Aus dieser Untersuchung ging hervor, daß ungefähr ebenso viele Männer wie Frauen an Schlaf-, Appetit- und Konzentrationsstörungen litten, tranken und sich wertlos und als Versager fühlten. Gut fühlten sich Frauen etwas häufiger (ein Viertel) als Männer (ein Fünftel). Erst später zeigte es sich, daß die Probleme für Frauen schwerer zu bewältigen waren als für Männer. Diejenigen, die die Ehe verlassen hatten, gaben seltener depressive Beschwerden an (ein Drittel) als die, die verlassen wurden (zwei Drittel) — was die Konzeption von Über- und Unterlegenen (*Späte* 1974) eher unterstützt. Hoch euphorisch fühlte sich ungefähr ein Zehntel der Geschiedenen, bei fast der gleichen Anzahl waren positive und negative Gefühle gemischt. Euphorisch reagierten erwartungsgemäß vor allem jene, denen die Scheidung eine eindeutige Entlastung brachte, zum Beispiel wegen ständiger Streitereien auch während der Nacht, aber auch diejenigen, die längere Zeit in Ambivalenz und Unsicherheit gelebt hatten. Besser schnitten die Geschiedenen ab, die bei der Trennung eine andere extramatrimoniale Beziehung hatten oder gleich nach der Trennung eine solche angeknüpft haben. Weitere Vorteile waren für Männer gegeben, wenn sie eine bessere Ausbildung besaßen und dadurch eine Kompensationsmöglichkeit in ihrem Beruf hatten, wenn sie älter als 25 Jahre waren, das Sorgerecht für die Kinder hatten oder bereits zum zweiten Mal geschieden worden waren. Die Vorteile, die im Sorgerecht für die Kinder lagen, galten allerdings nur für die erste Zeit nach der Scheidung, später stellte es sich dann eher als nachteilig heraus. Dagegen machten der Grad des religiösen Glaubens und die außerordentliche Länge der Ehe (über 20 oder 30 Jahre) keinen Unterschied aus. Relativ viele Personen hatten vorher irgendwelche Psychotherapie in Anspruch genommen oder während der Konfliktzeit eine Beratungsstelle aufgesucht — was wiederum wahrscheinlich mit der Selektivität der Gruppe zusammenhängt.

Kitson und *Sussmann* (1977) studierten in dem Stadtteil mit dem höchsten Anteil an Geschiedenen etwa 200 Frauen und Männer, die eine Scheidung beantragt hatten, zum größten Teil aber noch nicht geschieden waren. Ungefähr die Hälfte lebte mehr als fünf Monate getrennt. Sie wurden verglichen mit einer Kontrollgruppe aus intakten Familien, die in demselben Block wohnten. Die Probanden konnten eine oder auch mehrere psychische Beschwerden angeben, welche sie besonders belasteten. Die Ergebnisse erschienen den Autoren dennoch etwas positiver als bei früheren Untersuchungen. Ein Fünftel der Geschiedenen bzw. Getrenntlebenden äußerten keine oder höchstens eine psychische Störung, unter der sie litten. Etwas mehr als ein Drittel gaben zwei bis vier verschiedene Beschwerden an. 40% dieser Personen klagten über fünf oder sogar mehr psychische Beschwerden. Am häufigsten wurde eine Schlafstörung angegeben (26%), dann eine Depression (19%), weiter Appetitlosigkeit (14%), Gedächtnisstörung (14%) und Angstgefühle (13%). Frauen äußerten mehr subjektive Störungen, vor allem Depression und Angst, Schwierigkeiten bei den täglichen Aufgaben, Gedanken über Selbstmord und eine Anzahl von körperlichen Beschwerden. Männer zeigten dagegen mehr Störungen im Verhalten inklusive des Aussehens, des Benehmens, das als inadäquat oder auffällig von dem Interviewer bewertet wurde, aber auch Negativismus bei dem Interview. Frauen nahmen in dem Jahr vor dem Interview auch häufiger (drei Fünftel) eine professionelle Hilfe in Anspruch. Meistens waren es Ärzte (21%), Priester (14%), Psychiater oder Psychologen (14%), Sozialarbeiter (8%) oder Familienberater (2%). Bei Männern waren es nur zwei Fünftel, die eine Hilfe suchten, die Reihenfolge der Beratungsstellen war ähnlich wie bei den Frauen. Das entspricht auch den Erfahrungen beim Aufstellen therapeutischer Gruppen, daß immer wesentlich mehr Frauen als Männer in die Behandlung einzugliedern sind. Es beschwerten sich auch häufiger Frauen darüber, daß ihre Partner außerehelichen Sex betrieben, nicht vertrauenswürdig oder unreif seien, daß sie zuviel Zeit außerhalb des Hauses verbrächten, daß sie trinken würden, daß sie gesundheitliche, finanzielle oder sexuelle Probleme bereiteten, emotional instabil seien und charakterliche Mängel aufwiesen. Dagegen zeigten die Männer mehr Unsicherheit bei der Beschreibung ihrer partnerschaftlichen Schwierigkeiten. Sie führten diese häufig auf Ereignisse von außen zurück, zum Beispiel einen Todesfall in der Familie. Dementsprechend waren es meistens Frauen, die als erste die Scheidung erwähnten und auch beantragten. Anpassungsschwierigkeiten sahen Frauen überwiegend in der eigenen Selbständigkeit und Verantwortlichkeit, Männer eher in der Erledigung der häuslichen Arbeiten. Bei Problemen im sexuel-

len Bereich gab es bei Männern und Frauen kaum unterschiedliche
Meinungen. Frauen kämpften dagegen viel häufiger mit finanziellen
Problemen und gegen den sozialen Abstieg. Psychische Probleme
wiesen vor allem diejenigen auf, die auch weiterhin emotional an
den Partner gebunden waren. Im Vergleich zu früheren Studien
schien es, daß die Scheidung von der Öffentlichkeit besser akzeptiert wird. Ähnliche Verschiebungen gab es bei der Angabe von
Gründen für die Ehezerrüttung.

Bei *Goode* (1956) waren es vermehrt finanzielle Probleme oder
Alkoholismus, diesmal ging es mehr um solche Probleme, die die
persönliche Entfaltung und die Rollenverteilung in der Ehe betra-
fen (also Probleme der Anomie). Häufiger äußerte sich bei den Betroffenen die Einstellung, die Ehe sei zwar einigermaßen in Ordnung, aber nicht gut genug gewesen — mit ungenügender Kommunikation untereinander, langweilig und eigene Wünsche behin-
dernd. Die Ehe schien mehr eine Arena für persönliches Glück und
Selbstverwirklichung zu werden. Allerdings erzeugten solche chronischen Konflikte mit Streitigkeiten, Kommunikationsmangel und
Rollenkonflikten nur selten psychische Störungen. Belastender waren die Konflikte, die den eigenen Selbstwert verletzten.

Chiriboga und *Cutler* (1977) explorierten 96 Männer und 156
Frauen (immer nur einen von einem Ehepaar), die sich nach der
Trennung in einem Scheidungsprozeß befanden. Die Zahl der nicht-
realisierten Kontakte und der Verweigerung wurde nicht angegeben.
Alle Probanden wurden mit einem teilstrukturierten Interview untersucht. Es zeigte sich, daß nur wenige keine Traumatisierung, verbunden mit der Trennung, erlebt hatten. Das Alter spielte dabei
keine entscheidende Rolle, aber Männer waren verletzbarer als
Frauen, wahrscheinlich deshalb, weil sie ihre emotionalen Reaktionen verdrängten. Ungefähr die Hälfte der Untersuchten fühlte auch
eine schwere Belastung, Männer besonders vor der Entscheidung
zur Trennung. Bei vielen handelte es sich eher um eine gemischte
Reaktion mit Depressionen und guter Funktionsfähigkeit. Die
Frauen spürten die größten Belastungen während der Trennung,
aber auch vor der Entscheidung.

Auf Grund seiner ersten Untersuchung der Geschiedenen konzentrierten sich *Chiriboga* et. al. (1978) auf die emotionale Reaktion
während der Trennung. Von den Personen, die eine Scheidung beantragt hatten, über 20 Jahre alt waren, länger als sechs Monate
verheiratet waren und nicht länger als acht Monate getrennt lebten,
war ein Drittel unerreichbar, ein Drittel verweigerte die Untersuchung und ein Drittel, d.h. 309 Personen, konnte befragt werden.
39% der Männer, aber nur 16% der Frauen referierten, daß sie
nicht besonders glücklich seien. Auf der anderen Seite, innerhalb

der letzten Woche vor der Untersuchung waren Frauen mehr depressiv und abgespannt. Ältere Personen fühlten sich häufiger unglücklich als die jüngeren. Soziale Faktoren, analysiert mit der multiplen Regression, konnten sehr wenig die emotionalen Reaktionen erklären.

McKenry et al. (1978) haben 20 verheiratete Paare mit 20 geschiedenen Paaren verglichen (zwischen einem halben Jahr und zwei Jahren nach der Scheidung, zufällig ausgewählt, allerdings ohne Angabe der nicht zustandegekommenen Kontakte und Verweigerungen). Die Geschiedenen unterschieden sich von den Verheirateten durch größere emotionale Unzufriedenheit im Bereich: Liebe, Freundschaft, Eros, Mitleid, Selbstliebe und Geliebtwerden. Auch in der elterlichen Rolle waren sie unglücklicher. Außerdem waren sie weniger in kirchlichen Organisationen tätig und die Frauen waren häufiger berufstätig.

Gray (1978) kontrollierte eine selektierte Gruppe von 126 getrennten und geschiedenen Personen — Teilnehmern an einer Selbsthilfeorganisation (We Care). Mit Hilfe von standardisierten Meßmethoden fand sie bei den Untersuchten heraus, daß sie sich stark an der Vergangenheit orientierten, mit Schuld-, Scham- und Ressentiments-Gefühlen, sowie Zukunftsängsten, mit Insuffizienz und herabgesetzten Gefühlen des Selbstwerts. Es kam zu erhöhtem Alkohol- und Zigarettenmißbrauch (hauptsächlich bei Männern), Gewichtsverlusten und Herabsetzung der Arbeitsfähigkeit. 44% der Männer und 38% der Frauen hatten Selbstmordgedanken. Die größte Belastung spürten die meisten nach der Trennung. Bei einer Kontrolle nach sechs Monaten stellte die Verfasserin fest, daß sich der Zustand der Untersuchten erheblich gebessert hatte.

Spanier und *Casto* veröffentlichten im Jahr 1979 eine Untersuchung von 50 Personen innerhalb von zwei Jahren nach Einreichung der Scheidungsklage mit Hilfe von langen, unstrukturierten Interviews. Es handelte sich um eine selektierte Gruppe, da von der ursprünglichen Liste nur 37% der Personen erreicht werden konnten (manche waren in der Zwischenzeit verzogen) und von diesen 37% wiederum nur 61% zu einer Zusammenarbeit bereit waren, während 39% die Untersuchung verweigerten. Bei der Untersuchung ließ sich klar unterscheiden zwischen den Problemen der Eheauflösung und den Problemen, einen neuen Lebensweg zu finden, wobei sich letzteres als besonders schwierig erwies. Beide Problemgruppen hängen allerdings zusammen und beeinflussen sich positiv gegenseitig. Personen, die sich besser von dem ehemaligen Partner lösen können, bauen dann leichter ein neues Leben auf. Umgekehrt werden Trennungsprobleme schneller überwunden, wenn sich relativ leicht eine neue Existenz aufbauen läßt. Dagegen bleiben diejenigen, die Schwierigkeiten in ihrem neuen Leben haben, dem ehemaligen Partner gegenüber verbittert und aggressiv. Die emotionale Reaktion auf die Trennung wurde von 38% als leicht, von 36% als mittelmäßig und von 26% als schwer bewertet. 22% der Untersuchten, für die die Scheidung unerwartet gekommen war, reagierten signifikant häufiger (in 62% der Fälle) mit psychischen Störungen als jene, die selbst die Scheidung veranlaßt hatten oder zumindest nicht davon überrascht wurden. Aus längerer Sicht hängt der emotionale Ausgleich allerdings mehr davon ab, wie man ein neues Leben aufgebaut hat. 28% der Personen zeigten keine nennenswerte Bindung an den ehemaligen Partner. Sie hatten nach der Scheidung auch weniger (wenngleich nicht signifikant) Probleme als jene mit starker Bindung. Zu der ersten Problemgruppe gehörten weiter die Einstellungen zu dem Rechtssystem, Probleme mit den Kindern und mit sozialen Beziehungen. Die meisten der Untersuchten nahmen die juristische Prozedur negativ wahr, für 20% stellten sich hier große Probleme (diese Untersuchung fand in Pensylvania statt, wo noch immer die Schuldproblematik vor dem Gericht besprochen wird). Auch die Erfahrungen mit den Anwälten bewertete ein Drittel der Befragten negativ. Zwei Drittel hatten keine Schwierigkeiten bei der Lösung ihrer finanziellen Situation, bei anderen wiederum führten sie auch zu Bitterkeit und Feindschaft. Probleme mit den Kindern spielten als Katalysatoren der eigenen Anpassungsprobleme eine größere Rolle. Oftmals konnten Gefühle der Vereinsamung und der Schuld festgestellt werden. Nur in drei Fällen wurde angegeben, der andere Partner mißbrauche die Kinder zur Bestrafung des Untersuchten. Bei den Problemen, die mit der Gründung eines neuen Lebens auftraten, spielten finanzielle Schwierigkeiten eine Rolle, vor allem bei den Frauen. Die Personen, auch hier wiederum überwiegend die Frauen, denen das Sorgerecht anvertraut wurde, trugen schwer an der übernommenen Verantwortung und taten sich auch schwer bei der Bewältigung der täglichen Pflichten. Dennoch waren sie froh, die Kinder bei sich zu haben. Dagegen erlebten diejenigen, denen das Sorgerecht nicht zugesprochen worden war, größere Verlust- und Schuldgefühle. Soziale Anpassung und sexuelle Kontakte hingen eng mit den subjektiven Gefühlen zusammen. Personen, die mit Schwierigkeiten im neuen Leben zu kämpfen hatten, waren viel häufiger depressiv, einsam, frustiert mit niedrigem Selbstwertgefühl. Dagegen referierten die Erfolgreichen oft über das Gefühl der Freiheit und Entlastung, des Glücks, erhöhten Selbstgefühls und Selbstvertrauens. Insgesamt zeigten sich große individuelle Unterschiede zwischen den Befragten. Darüberhinaus ergaben sich auch Schwierigkeiten, Faktoren zu finden, die den Verlauf nach der Scheidung voraussagen könnten.

Pino (1980) versuchte, die Probleme der scheiternden Ehen und Scheidungen mit der „psychologischen Autopsie", das heißt mit Hilfe der Ansammlung aller erreichbaren Details über die grundlegenden Motivationen der beteiligten Personen in den einzelnen Phasen, zu eruieren. 25 Männer und 25 Frauen, die sich während des Trennungsprozesses und nach der Scheidung in Behandlung befanden, verglich er mit je 25 verheirateten und 25 ledigen Männern und Frauen, alle aus mittleren und niedrigeren sozialen städtischen Schichten. Für Geschiedene gab es in den vorausgegangenen sechs Monaten mehr Lebensveränderungen als für Verheiratete und Ledige. Was die verschiedenen Hilfsquellen wie soziale Kontakte und eine gewisse Zufriedenheit mit der finanziellen und beruflichen Situation betrifft, waren die geschiedenen Männer in einer ungünstigeren Situation als die ledigen. Geschiedene Frauen standen in dieser Hinsicht besser als geschiedene Männer (ähnlich wie bei den Ledigen). Als Grund für die Scheidung wurde von beiden Geschlechtern in den meisten Fällen Untreue angegeben. Beide Geschlechter zeigten als häufigste Reaktion ein narzißtisches Verhaltensmuster, an zweiter Stelle reagierten Frauen mit Aggression, Männer mit übermäßigem Arbeitseifer. Von den Männern wurde die gescheiterte Ehe am häufigsten als stabil aber unbefriedigend empfunden, Frauen dagegen beurteilten ihre Ehe gleichermaßen als stabil-unbefriedigend und als unstabil-unbefriedigend. Verheiratete unterschieden sich von den Geschiedenen und den Ledigen schon in der Kindheit durch ein emotional positives Familienleben. Auch die Periode des selbständigen Lebens vor der Ehe dauerte bei den Verheirateten länger als bei den Geschiedenen.

Bei einer von *Hayes* et al. (1980) durchgeführten Untersuchung der gescheiterten Ehen durch eine Fragebogenaktion und Interviews von Personen im mittleren Alter ein bis zwei Jahre nach der Scheidung (zwei Drittel der Angesprochenen unterzogen sich dem Interview freiwillig, aber nur 15% sandten den Fragebogen zurück) zeigte sich, daß der wichtigste Faktor für das Scheitern der Ehe die sich mit den Jahren verschlechternde Kommunikation zwischen den Ehepartnern mit einem Mangel an Freundschaft und Intimität und der fehlenden Bereitschaft, über Probleme zu sprechen, gewesen ist, was dazu führte, daß einer der Partner eine emotionale Kompensation bei anderen Personen suchte.

Wise (1980) untersuchte eine Gruppe von geschiedenen Frauen mit Kindern in der Latenzphase, die sich auf ein Zeitungsinserat gemeldet hatten (die Zahl der Untersuchten wurde nicht angegeben). Sie waren alle zwischen 30 und 35 Jahre alt, von weißer Hautfarbe und lebten nach einer neun bis vierzehn Jahre dauernden Ehe seit einem bis vier Jahren getrennt. Alle Frauen gehörten

der Mittel- oder oberen Mittelschicht an. Die äußeren Probleme
nach der Trennung standen nicht im Vordergrund, alle waren finanziell gesichert mit einer guten vorehelichen Ausbildung, ihre
Kinder zeigten eine gute Schuladaptation ohne psychologische
Probleme und ihre ehemaligen Männer waren erreichbar und küm-
merten sich auch um die Kinder. Nach außen verlief die Adaptation nach der Trennung für die Frauen ohne Störung. Sie besaßen
durchwegs gute Wohnungen, sorgten genügend für ihre Kinder, gesundheitlich waren sie nicht in Behandlung und vertraten die Meinung, keine psychologische Behandlung zu benötigen. Im Gegensatz dazu hat die Verfasserin bei allen beträchtliche psychologische
Probleme festgestellt: Depressionen, Zorn, Verletzbarkeit, niedriges
Selbstbewußtsein, Beschäftigung mit dem Verlust, Ängste vor Einsamkeit und dem Älterwerden, das Bewußtsein des Statusverlustes,
Befürchtungen um die finanzielle Sicherheit, Mangel an sozialer
Unterstützung, das Gefühl, die Familie sei ohne den Mann nicht
komplett, und Schwierigkeiten mit der Elternrolle. Zu den ehemaligen Ehemännern bestand eine ausgeprägte ambivalente Beziehung
mit Phantasien nach Versöhnung und auch reale Fortsetzung der
intimen Beziehungen auf der einen Seite und Beschuldigungen mit
Auseinandersetzungen, manchmal auch mit tätlichen Aggressionen
auf der anderen Seite. Trotz allem bewerteten die Frauen ihre Entscheidung, sich scheiden zu lassen, als positiv, was sich allerdings
meistens als eine Abwehrreaktion entpuppte. Ähnlich behaupteten
die Frauen im Rahmen ihrer Abwehrhaltung, daß es den Kindern
gut geht. Sie konnten deshalb auch nur schwer ertragen, wenn die
Kinder einmal traurig waren. Ihre Beziehungen zu den Kindern waren belastet mit Problemen wie Zeitmangel, depressive Verstimmungen, Anspruch auf zu große Intimität und Unterstützung von
seiten der Kinder, Beziehung zu neuen Partnern, die die Kinder
oft in ein Konkurrenzverhalten drängten, inadäquat zu große Ver-
antwortungs- und Schuldeinstellungen und ähnliches. Psychodyna-
misch zeigte sich bei manchen Frauen eine Übertragung aus der
Kindheit mit Übernahme der Einstellungen ihrer Mütter, die sich
als Opfer der Familie fühlten, mit feindlichen Einstellungen gegenüber Männern. Außerdem kam es zu Konfliktsituationen durch die
verbalen Anforderungen der Frauenbewegung zur Selbständigkeit
und Gleichheit auf der einen Seite und die Sehnsucht nach der traditionellen Rolle in der Familie andererseits. Zu dieser Rolle gab es
für die Frauen, die alle aus den besseren Vororten kamen, nach der
Scheidung auch nur wenige soziale Alternativen, desgleichen auch
nur eine geringe soziale Unterstützung, sei es formal oder informal.

Psychiatrische Untersuchungen an Geschiedenen haben vor allem
Briscoe mit Mitarbeitern aus St. Louis (1973) durchgeführt. Von

480 geschiedenen Personen konnte zu 204 ein Kontakt hergestellt werden, 65 (relativ viele) verweigerten die Untersuchung. Als Kontrollgruppe wurden Erstverheiratete untersucht (ohne vorherige Scheidung), die ausgewählt wurden nach der Wohnung in derselben Straße wie die Geschiedenen, sonst nicht parallelisiert. Von 139 Verheirateten verweigerten 49 die Untersuchung (ein ähnlich hoher Prozentsatz, nämlich 35%, wie bei den Geschiedenen mit 32%), 29 mußten ausgeschlossen werden, weil sie die Bedingungen nicht erfüllten. Die Untersuchung der Geschiedenen fand bei zwei Dritteln innerhalb der ersten vierzehn Monate nach der Scheidung statt, bei einem Drittel achtzehn bis vierundzwanzig Monate nach der Scheidung (auch hier ist der Zeitpunkt der Untersuchung etwas breit gestreut). Bei drei Viertel der geschiedenen Frauen und zwei Drittel der geschiedenen Männer wurde retrospektiv eine psychische Störung gefunden. Bei der Kontrollgruppe zeigten sich nur bei einem Fünftel der Frauen und einem Drittel der Männer ähnliche Störungen. Auch wurden mehr geschiedene als verheiratete Personen sowohl ambulant als auch stationär psychiatrisch behandelt. Bei den geschiedenen Frauen überwogen bei weitem unipolare Depressionen (ohne Unterscheidung zwischen reaktiver und endogener Form), bei den Männern eine antisoziale Persönlichkeit, während Hysterie nur bei geschiedenen Frauen gefunden wurde. Alkoholismus war häufiger bei geschiedenen Männern als bei geschiedenen Frauen zu finden, allerdings nicht häufiger als bei den Kontrollgruppen der verheirateten Männer (ein gewisser Widerspruch zu der sonst angegebenen hohen Prävalenz von Alkoholismus bei Geschiedenen kann vielleicht dadurch erklärt werden, daß bei dieser Studie die geschiedenen Männer kurz nach der Scheidung im Durchschnitt jünger waren als bei der repräsentativen Kontrollgruppe der Verheirateten). Neben diesem Unterschied bei der untersuchten Gruppe gab es bei den Geschiedenen noch folgende Merkmale: niedriges Heiratsalter der Frauen, weniger religiöse Beziehungen bei Geschiedenen und größerer Anteil der außerhalb des Hauses arbeitenden Frauen.

In einer anderen Arbeit eruierten *Briscoe* und Mitarbeiter (1973) die Charakteristika der Depressionen bei Geschiedenen. Von den 45 Depressiven hatten 43 schon mehr als einen Monat vor der Scheidung Depressionen. 20 von diesen hatten schon früher einmal eine depressive Phase durchgemacht. Bei 24 Personen zeigte die Depression eine deutliche Abhängigkeit von den Konfliktsituationen und Traumen vor und nach der Scheidung.

Weiter verglichen diese Autoren (*Briscoe* et al. 1975) die Depressionen nach der Scheidung, nach der Verwitwung und die Depressionen bei stationären Patienten ohne diese Traumen (wieder ohne Unterscheidung der endogenen und psychogenen Form parallelisiert nach Alter und Geschlecht. Die Verwitweten unterschieden sich auffällig von den zwei anderen Gruppen, indem sie weniger vorherige Phasen der Depression und weniger Depressionen unter den Verwandten aufwiesen. Zwischen den geschiedenen und den stationären Depressiven ohne provozierende Faktoren waren in dieser Hinsicht keine Unterschiede festzustellen. Die Geschiedenen zeigten dagegen mehr somatische Beschwerden, Selbstmitleid und Beschuldigung der anderen sowie Todeswünsche. Es scheint, daß es sich bei Verwitweten um echte reaktive Depressionen handelte, während die Verbindung der Depression zur Scheidung wesentlich komplexer war.

In einer weiteren Arbeit analysierten die Autoren (*Briscoe* et al. 1974) 40 geschiedene und 28 verheiratete Paare. Bei 92% der Geschiedenen zeigte sich bei einem oder bei beiden Partnern eine psychische Störung im Vergleich zu 43% der verheirateten Paare. In dieser Kontrollgruppe hatten wieder die Paare, die bereits einmal eine Scheidung erwogen oder eine Trennung durchgeführt hatten, mehr psychische Störungen als die integrierten Paare. Die Hypothese, daß geschiedene psychisch Kranke häufiger auch einen psychisch kranken Ehepartner geheiratet hatten (Mating Hypothesis) wurde nicht bestätigt. Es zeigte sich eine Diskrepanz zwischen den Berichten des anderen über den Ehepartner und seiner direkten Untersuchung. Die ehemaligen Ehemänner hatten seltener eine Depression an ihrer geschiedenen Frau beobachtet, als in der direkten Untersuchung festgestellt wurde, und umgekehrt haben Ehefrauen häufiger Alkoholismus bei ihren geschiedenen Männern angegeben, als dem Ergebnis der eigentlichen Untersuchung entsprach.

Es zeigt sich, daß alle diese Studien mit bestimmten Fehlern belastet sind. Die meisten Daten werden retrospektiv erhoben, mit den bekannten Mängeln, vor allem was die emotionalen Ereignisse betrifft. Von den Soziologen, wie zum Beispiel von *Goode,* wird ein strukturierter Fragebogen benutzt, mit Begrenzung der Erkenntnisse auf ausgefragte Angaben. Die Daten werden mitunter entweder nur von Männern oder nur von Frauen gewonnen und sehr selten von beiden Seiten eines geschiedenen Paares.

Fast alle Studien leiden darunter, daß die Ergebnisse von einem selektierten Teil der Geschiedenen gewonnen sind, da viele Geschiedene wegen ihrer großen Mobilität nach der Scheidung unerreichbar sind (das heißt es gibt viele „Nicht-Kontakte") und andererseits viele, die zwar erreichbar sind, jedoch die Untersuchung verweigern. Die Studien, die an Freiwilligen von besonderen Kollektiven (z.B. Selbsthilfegruppen) durchgeführt werden, sind noch wesentlich mehr selektiert, d.h. für die Aussage über die Geschiedenen insgesamt nur mit Einschränkung geeignet.

V Statistische Analysen der Morbidität und Mortalität

1 Stationäre Behandlungen

Mit großer Übereinstimmung wurde von vielen Autoren berichtet, daß sich in psychiatrischen Kliniken wesentlich mehr geschiedene Kranke in stationärer Behandlung befinden, als es ihrem Bevölkerungsanteil entspricht (z.B. *Adler* 1953, *Bachrach* 1975, *Bloom* et al. 1978, *Frumkin* 1955, *Gardner* et al. 1963, *Kramer* et al. 1972, *Malzberg* 1964, *Ødegaard* 1953, *Overall* 1971, *Robertson* 1974). Nach der Altersstandardisierung zeigt sich, daß die Verheirateten relativ zu der Grundbevölkerung am seltensten, die Geschiedenen am häufigsten vertreten sind, während die Ledigen und Verwitweten in der Mitte rangieren. In dem Mannheimer psychiatrischen Fallregister, in dem Daten über psychiatrische Behandlungen aus verschiedenen medizinischen Einrichtungen zusammengeführt werden, ist das Verhältnis von Geschiedenen zu Verheirateten unter den stationären Kranken sechsmal so groß wie in der Grundbevölkerung.

2 Ambulante Behandlungen

Die Krankenhausstatistiken sind allerdings dadurch beeinflußt, daß die Personen, die weniger Möglichkeiten haben, von anderen zu Hause gepflegt zu werden, eher ins Krankenhaus überwiesen werden. In den Vereinigten Staaten werden Geschiedene im Vergleich zu Verheirateten bei ähnlichem Zustand häufiger hospitalisiert. Sie werden auch mit größerer Wahrscheinlichkeit in ein Staatskrankenhaus aufgenommen als in ein privates Krankenhaus (*Bloom* 1968, *Klerman* et *Paykel* 1970, *Robertson* 1974). Der Vergleich der Kranken in ambulanten Einrichtungen bestätigt eindeutig die Unterschiede bezüglich der größeren Anfälligkeit der Geschiedenen (z.B. *Battegay* et al. 1972, *Taube* 1970, *Woodruff* et al. 1972). Nach der Übersicht von *Bloom* et al. 1978 bewegt sich die Rate der hospitalisierten geschiedenen Männer zu den verheirateten zwischen 7:1 bis 22:1, der hospitalisierten geschiedenen Frauen zu den verheirateten zwischen 3:1 bis 8:1. Bei den ambulant behandelten Patienten ist das Verhältnis zwischen Geschiedenen und Verheirateten etwas kleiner; bei Männern betrug es 4:1 bis 9:1, bei Frauen 3:1 bis 6:1.

3 Feldstudien

Allerdings könnte auch hier das hilfesuchende Verhalten von alleinstehenden und enttäuschten Personen die Zahl der behandelten Geschiedenen erhöhen. Entscheidend ist deshalb, daß man auch bei den sogenannten Feldstudien, das heißt bei der Untersuchung der Bevölkerung nach ihrer psychischen Gesundheit, unter Menschen mit psychischen Störungen häufiger Geschiedene als Verwitwete und Ledige findet (z.B. *Bachrach* 1975, *Pearlin* et al. 1977, *Srole* et al. 1962, *Schwab* et al. 1979). Man kann also sagen, daß unabhängig von der Art der Versorgung die Geschiedenen eine besondere Risikogruppe für psychische Erkrankungen darstellen. Dieser Risikofaktor betrifft alle Altersgruppen (*Kramer* et al. 1972). Selten sind Ausnahmen wie z.B. die niedrigere Rate der nicht-weißen geschiedenen Frauen (z.B. *Louisiana, Kramer* et al. 1972).

4 Krankheitsverläufe

Die Geschiedenen haben auch eine schlechtere Prognose: sie bleiben länger im Krankenhaus (z.B. *Bachrach* 1973, *Butler* et *Morgan* 1977, *Garfield* et *Sundland* 1966, *Greenley* 1972, *Kramer* et al. 1972, *Turner* et al. 1970) und werden häufiger wieder aufgenommen (z.B. *Adler* 1953, *Rosen* et al. 1971, *Rosenblatt* et al. 1969 und 1971, *Taube* 1970). Deshalb ist auch die Prävalenz der Geschiedenen im Vergleich zu ihrer Inzidenz größer (*Gardner* et al. 1963, *Malzberg* 1964). Geschiedene sind auch häufiger unter den Invaliden als Folge psychischer Krankheiten zu finden (*Susser* et al. 1969). Sie nehmen auch häufiger zu Hause Tabletten, seien es verschriebene oder selbst gekaufte (*Manheimer* et al. 1968). Übersichten über die epidemiologischen Daten findet man z.B. bei *Bachrach* (1975), *Bloom* et al (1978), *Bojanovsky* (1981, 1982), *Crago* (1972).

5 Einfluß des Geschlechts

Interessant ist die Frage, ob es hierbei geschlechtliche Unterschiede gibt. Das Verhältnis von psychiatrisch behandelten verheirateten Frauen zu verheirateten Männern erscheint größer als das Verhältnis der psychiatrisch behandelten geschiedenen Frauen zu geschiedenen Männern (diese Ergebnisse sind bei *Gove* 1973 zusammengestellt). Ein ähnliches Verhältnis geht auch aus dem Mannheimer Fallregister hervor. Während Frauen insgesamt häufiger behandelt werden, gibt es in den stationären Einrichtungen oft mehr geschiedene Männer als Frauen (*Taube* 1970).

Bei den direkten Untersuchungen der Geschiedenen sind die Ergebnisse, ob Frauen oder Männer vermehrt unter psychischen Schwierigkeiten leiden, nicht so eindeutig — siehe dazu auch die Übersicht von *Kitson* und *Raschke* (1981). *Cannon* und *Redick* (1973) fanden mehr hospitalisierte geschiedene oder getrenntlebende Männer als Frauen, während bei der ambulanten Behandlung der Geschlechtsunterschied bei Geschiedenen und Getrenntlebenden umgekehrt war.

Bloom (1975) schreibt in seinen Ergebnissen über die Hospitalisierungen in einem Community-Center in Colorado, daß das totale Risiko der psychiatrischen Hospitalisierungen für Männer aus gestörten Ehen (getrennte plus geschiedene) epidemische Ausmaße erreicht, indem es pro Jahr 75 Kranke pro 1000 Personen ergab.

Radloff (1975) hat allerdings bei einer Feldstudie über die Prävalenz der Depressionen in Cansas-City und Maryland festgestellt, daß es im geschlechtlichen Verhältnis zwischen den Verheirateten und Geschiedenen/Getrennten kaum Unterschiede gibt, sondern nur zwischen Verheirateten auf der einen Seite und Ledigen und Verwitweten auf der anderen Seite.

Es scheint, daß die Ehe für Männer, was die psychische Gesundheit betrifft, günstigere Auswirkungen hat als für Frauen. Das wird von *Gove* 1973 vor allem den verschiedenen negativen Seiten der sozialen Rolle einer Ehefrau zugeschrieben, von *Radloff* eher der Sozialisierung der Frauen mit erlernter Hilflosigkeit bei Belastungen. Zweifel an diesen Ergebnissen haben *Warheit* et al. (1976) bekundet, nachdem sie die Ergebnisse der umfangreichen Felduntersuchung über die psychischen Probleme der Bevölkerung in Florida einer multiple-regressiven Analyse unterzogen haben. Dabei fanden sie, daß der wichtigste Faktor der psychischen Probleme ein niedriger sozialer Status war, aber auch das Geschlecht als Frau und der Familienstatus als Getrennte oder wiederholt Verheiratete. Es erscheint ihnen, daß es eher die Änderung des Familienstandes ist, die die Anfälligkeit für eine psychische Störung erhöht.

6 Häufigste Krankheiten

Bis jetzt wurde über das statistische Überwiegen der Geschiedenen unter den psychisch Kranken insgesamt gesprochen. Wichtig ist allerdings, an welchen Krankheiten Geschiedenen vor allem leiden. Die häufigsten Diagnosen bei ihnen sind Depressionen (vor allem Frauen), Alkoholismus (vor allem Männer). *Wechsler* et al. (1972) fanden

in einer Notfallklinik bei 42% der geschiedenen und getrenntlebenden Männer einen erhöhten Alkoholspiegel wesentlich häufiger als
bei Ledigen (24%), bei Verheirateten (19%) und bei Verwitweten
(10%).
Vermehrt findet man auch sexuelle Abweichungen (*Briscoe* 1973,
1973, *Robertson* 1974, *Rosenblatt* 1969). Nicht selten diagnosti-
ziert man bei den Geschiedenen disharmonische, psychopathische
Persönlichkeiten (z.B. *Blacker* 1958 oder *Woodruff* 1972). Auch
von Schizophrenie sind Geschiedene häufiger betroffen als Verheiratete und manchmal auch öfter als Ledige. Auch hier ist ihre Prognose schlimmer als die der Ledigen und Verheirateten (*Bloom*
1978, *Frumkin* 1955, *Ødegaard* 1971, *Turner* et al. 1970).

7 Selbstmordraten

Die Selbstmordrate bei Geschiedenen ist in allen Ländern, in denen
diese Daten kontrollierbar sind, nach der Altersstandardisierung höher als bei Verwitweten, bis auf die Verwitweten unter dem 30. Lebensjahr, die in dieser Altersklasse die höchsten Selbstmordraten
aufweisen, da sie offenbar in diesem Alter ihr Schicksal schwerer
ertragen können. Die Selbstmordraten der Ledigen liegen noch niedriger, und am niedrigsten sind die der Verheirateten. Im Vergleich
zu den verheirateten Männern verüben die geschiedenen im entsprechenden Alter fünf- bis siebenmal häufiger Selbstmord, geschiedene
Frauen etwas weniger, und zwar drei- bis viermal häufiger als verheiratete Frauen. Die Selbstmordraten bei geschiedenen Männern
liegen drei- bis siebenmal höher als bei geschiedenen Frauen (*Dublin* 1963, *Durkheim* 1973). Dies gilt wahrscheinlich nicht in Japan,
wo Scheidungen traditionell häufig vorkommen. *Iga* et al. (1978)
fanden zwischen verheirateten und geschiedenen Personen keinen
Unterschied in den Selbstmordraten.
Männer scheinen durch die Ehe mehr geschützt und reagieren
demzufolge häufiger als Frauen auf die Scheidung mit Selbstmord
(*Gove* 1972, *Maris* 1969). Geschiedene Männer sind durch den
Selbstmord besonders im ersten halben Jahr nach der Scheidung
gefährdet (*Bojanovsky* 1979, s. Tab. 1). Auch bei den Selbstmordversuchen sind die Geschiedenen überrepräsentiert (*Kreitman* et al.
1973).

Tabelle 1

Zeit zwischen der Scheidung und dem Tod bei Suizidenten (SM) und Verstorbenen an anderen Todesursachen (andere)

		n	−1/2 Jahr	1/2−1 Jahr	1−2 Jahre	2−5 Jahre	5−10 Jahre	10−20 Jahre	mehr als 20 Jahre	Σ
♂	SM	66	25,6%	7,6%	14,7%	28,8%	6,0%	10,6%	7,6%	100%
	andere	87	1,1%	3,4%	5,7%	12,6%	24,1%	20,7%	32,2%	100%
♀	SM	42	2,4%	2,4%	16,7%	23,8%	19,0%	14,3%	21,4%	100%
	andere	93	1,1%	1,1%	1,1%	5,3%	9,6%	20,4%	61,0%	100%

Quelle: *Bojanovsky, J.*: Wann droht der Selbstmord bei Geschiedenen? Schweiz. Arch. Neurol. Neurochir., Psychiat. 125 (1979), S. 75

8 Allgemeine Mortalitätsraten

Auch die Mortalität an anderen Todesursachen und die Morbidität
ist nach Statistiken aus den USA bei Geschiedenen höher als bei
Verheirateten, und zwar in allen Altersgruppen (wieder im Unterschied zu den Verwitweten, die im jüngeren Alter stark erhöhte
Mortalitätsraten aufweisen) (*Berkson* 1962). Auch hier sind geschiedene Männer im Vergleich zu verheirateten mehr betroffen als geschiedene Frauen im Vergleich zu verheirateten — was wiederum
auf die günstigere Wirkung der Ehe auf die Männer hinweist (*Gove*
1972). Von den Todesursachen sind es neben dem Selbstmord vor
allem Mord, Unfall, Cirrhose, Lungenkrebs, Tbc, Diabetes mellitus,
aber auch Herz- und Kreislaufkrankheiten, die bei Geschiedenen
auffallend häufiger vorkommen als bei Verheirateten (*Syme* 1974).
Es sind also solche Krankheiten, die mit emotionalen Faktoren,
wie Einstellung zum Risiko, zusammenhängen. Daß manche von
diesen Todesursachen entweder aus risikoreichem Verhalten als
Äquivalente der Selbstmorde entstehen oder sogar als Verdunke-
lung des Selbstmordes dienen, sieht man daraus, daß sich fatale
Verkehrsunfälle sechs Monate vor und nach der Scheidung ver-
doppeln (*McMurray* 1970).

9 Life-Event-Forschung

Einen anderen Ansatz zur Untersuchung des Einflusses der Trennung und Scheidung auf die Morbidität und Mortalität stellt die
Life-Event-Forschung dar. Scheidung und Trennung werden regelmäßig unter den streßbeladenen Lebensereignissen (Life-Events),
angeführt, die man signifikant häufiger vor dem offenen Ausbruch
einer psychischen Erkrankung findet (*Brown* et *Birley* 1968, *Cochrane* et *Robertson* 1975, *Cooper* et *Sylph* 1973, *Myers* et al. 1972,
Paykel et al., *Uhlenhut* et *Paykel* 1973). Ähnliches wird vor allem
auch vor körperlichen Erkrankungen berichtet (*Cline* et *Chosy*
1972, *Holmes* et *Rahe* 1967, *Rahe* 1972, *Wyler* et *Masuda* 1971).
Holmes und *Rahe* erstellten eine Rangliste von möglichen Lebensveränderungen nach dem jeweiligen Schwierigkeitsgrad, unter dem
Menschen mit besonderen Situationen fertig werden müssen. Die
ersten zwanzig schwierigsten Lebensveränderungen in der Reihenfolge der Schwierigkeitsskala waren: Tod des Lebenspartners;
Scheidung; Trennung; Verhaftung und Verurteilung; Tod eines
nahen Familienmitglieds; eigene Verletzung oder Krankheit; Heirat;
Verlust des Arbeitsplatzes; Szenen im Familienleben mit wiederholten Aussöhnungen; Eintritt in den Ruhestand; Gesundheitsverände-

rungen von Familienmitgliedern; Schwangerschaft; sexuelle Schwierigkeiten; Familienzuwachs; Veränderungen im Geschäft; finanzielle Veränderungen; Tod eines nahen Freundes; Wechsel des Arbeitsplatzes; Auseinandersetzungen mit dem Ehepartner; große Hypotheken.

Smith (1971) identifizierte Scheidung/Trennung neben dem Beginn des Trinkens als einziges Lebensereignis, auf das sich präventive Maßnahmen konzentrieren sollten. *Myers* et al. (1972) haben in einer longitudinalen Untersuchung zwischen den Jahren 1967 und 1969 allerdings festgestellt, daß sich eine zwischen diesen beiden Jahren abgespielte Scheidung nicht in einer Verschlechterung der psychischen Gesundheit ausgewirkt hatte. Es erscheint als möglich, daß die vorausgegangenen Ehekonflikte schon genügend schlechte Wirkung auf die psychische Gesundheit bei der ersten Untersuchung im Jahre 1967 hatten.

Bei der Untersuchung von Selbstmordversuchen haben *Jacobson* und *Portuges* (1978) keinen Unterschied gefunden zwischen denen, die erst unlängst und denen, die schon vor einiger Zeit eine Scheidung oder Trennung erlitten hatten. *Paykel* et al. (1975) haben Lebensereignisse bei einer Gruppe mit Selbstmordversuchen und einer Gruppe mit Depressionen mit einer Kontrollgruppe verglichen. Schwere Ehekonflikte waren signifikant häufiger bei den Personen mit Selbstmordversuchen als bei den Depressiven und bei diesen wiederum signifikant häufiger als bei der Kontrollgruppe. Trennung und Scheidung, wenn auch beide häufiger bei Depressionen und Selbstmordversuchen als bei der Kontrollgruppe, waren allerdings nicht so häufig, daß sie die statistische Signifikanz erreichten. *Myers* et al. (1975) konnten mit einer weiteren Analyse ihrer oben erwähnten Studie zeigen, daß die Wirkung verschiedener Lebensereignisse bei sozial integrierten Verhältnissen, unter anderem auch Eheverhältnissen, schwächer ist. Das bestätigen auch *Lin* et al. (1979) mit ihrer Studie von amerikanischen Chinesen.

Das Problem der Life-Event-Forschung besteht neben der Aufstellung einer „gesunden" Kontrollgruppe auch bei prospektiven Studien darin, daß es schwierig zu entscheiden ist, ob das entsprechende Lebensereignis kausal die Erkrankung beeinflußt und nicht eher eine Äußerung des vorklinischen Stadiums der Krankheit darstellt.

VI Scheidung als Ursache psychischer Störungen oder als Selektionsprozeß?

1 Mögliche intervenierende zusätzliche Faktoren

Als Erklärung für die höhere Morbidität und Mortalität der Geschiedenen bieten sich folgende Hypothesen über mitwirkende Faktoren an, die sich allerdings gegenseitig nicht ausschließen; die ersten sieben deuten eher auf eine Selektion hin, das bedeutet, daß die Scheidung oder das Geschiedensein an sich noch keine psychischen Störungen verursachen müssen, sondern vielmehr nur Indikatoren darstellen, da bei diesen Menschen auch wegen anderer Ursachen psychische Störungen häufiger festgestellt werden. Wir wollen die möglichen Faktoren zunächst kurz aufführen, um dann ihre mögliche Evidenz und auch Plausibilität zu besprechen:

1. Selektion durch Labeling: durch Verschiebung der sozialen und anderen Probleme in den gesundheitlichen Bereich (z.T. von seiten der Betroffenen, zum anderen aber auch von den Untersuchern).
2. Soziokulturelle Selektion: Scheidungen kommen häufiger vor bei bestimmten Schichten und Subkulturen, wie soziale Schicht, Rasse, Religion usw., die auch sonst eine höhere Morbidität aufweisen; Scheidung bedeutet außerdem oft einen sozialen Abstieg, der selber die Morbiditäts- und Mortalitätsraten erhöht.
3. Selektion durch individuelle Belastungen in der Ehe: Krankheiten der Kinder, Arbeitslosigkeit verursachen sowohl die Scheidung als auch psychische Erkrankungen mit.
4. Selektion durch Ehekonflikte (postmarital disability): Entstehen in der Ehe Konflikte, z.B. daß die Partner nicht zueinander passen, werden diese eher krank, auch wenn die Scheidung vielleicht mildernd wirken kann.
5. Selektion durch voreheliche psychische Störungen (premarital disability): Die Ehe von Menschen mit abnormer bis psychopathischer Persönlichkeit, Neurose, Alkoholismus oder Drogenmißbrauch, organischer Störung oder Psychose endet häufiger mit einer Scheidung. Psychische Störung ist eher die Ursache als die Folge der Scheidung.
6. Selektion durch Wiederheirat der Gesünderen oder Stärkeren: Die meisten Geschiedenen heiraten wieder, allerdings ist die Chance zur Wiederheirat der Kranken und sonst Schwachen geringer.
7. Selektion durch Verlust der protektiven Wirkung der Ehe: Verheiratete haben im Vergleich zu Geschiedenen, Ledigen und Ver-

witweten bessere psychosoziale, eventuell auch biologische Lebens-
bedingungen; Geschiedene erleiden einen sozialen Abstieg.
8. Eine Variante von vorausgehenden Faktoren könnte der (Wieder)-heiratsdruck für die Geschiedenen darstellen. Dazu kann auch
die direkte Wirkung der Scheidung beitragen, indem Geschiedene,
um sich nicht als Weggeworfene, Verlassene, einer dauernden Beziehung nicht Fähige, zu fühlen, unter einem starken Druck stehen.
Damit kommen wir zu den mehr „kausalen" Hypothesen.

Die möglichen mitverursachenden Wirkungen:
9. Die Trennung und die Scheidung bedeuten ein schweres Trauma,
ein streßgeladenes life event, das psychische Störungen hervorrufen
kann.
10. Es ist vor allem die psychosoziale Rolle der Geschiedenen, die
zu psychischen Störungen führen kann.

Neutral, das heißt als Selektion oder verstärkend kann sich auswirken:
11. Soziale Desintegration mit steigender Anomie, das heißt mit
unsicheren Wert- und Normeinstellungen zu Rollen in der Ehe und
nach der Scheidung, wobei steigende Ansprüche sowohl Ehekonflikte als auch Traumen nach der Scheidung verschärfen können.
Verminderte zwischenmenschliche Solidarität unter den Verwandten (auch innerhalb der Kleinfamilie zwischen den Generationen
und Geschwistern) kann durch die sinkende Hilfsbereitschaft manche Probleme in der Ehe und nach der Scheidung erschweren. Die
steigende Anomie kann auf der kollektiven Ebene sowohl die Schei-
dungs- wie auch die Morbiditätsraten erhöhen. Menschen, die mit
größerer Anspruchshaltung gegenüber anderen oder in schwächeren
sozialen Beziehungen leben, werden in der Ehe leichter frustriert
und lassen sich eher scheiden. Zugleich sind sie aber im allgemeinen anfälliger für psychische Störungen.

Wie oben bereits gesagt, können die aufgezählten Faktoren verschiedentlich kombiniert werden. Eine sogenannte Selektion durch
mating behavior, die besagt, daß anfälligere Individuen sich eher
suchen und heiraten, größeren Belastungen und Konflikten ausgesetzt sind und deshalb auch häufiger geschieden werden, ist eine
Kombination der Faktoren 3, 4, 5, eventuell auch 9 und 10. Es
können auch viel komplexere, sich gegenseitig beeinflussende Mi-
schungen entstehen. Entscheidender ist deshalb die Frage, ob die
Trennung und Scheidung eher die Folge oder die Ursache psychischer Störungen ist und ob sie häufiger eine Ansammlung von psychischen Belastungen mit sich bringt. Weiter möchten wir etwas
ausführlicher die gesellschaftlichen Kontextbedingungen erörtern.
Da wir uns in einem sehr starken sozialen Wandel befinden, ver-

suchen wir auch die dynamischen Aspekte dieses Wandels in einem
Modell zu erklären. Diese Frage besprechen wir noch ausführlicher.
Die übrigen Hypothesen wollen wir hier kurz prüfen.

1.1 Selektion durch Labeling

Dies kann umso häufiger geschehen, je öfter die Diagnostizierung
von Psychiatern vorgenommen wird, und zwar betrifft das sowohl
die Untersuchung der psychiatrischen Morbidität als auch der
Selbstmordhäufigkeit, indem man zweifelhafte Todesfälle bei Geschiedenen leichter als Selbstmord deklariert. Dieser Faktor könnte
bei der erhöhten allgemeinen Mortalität kaum eine Rolle spielen.
Die Untersuchung, die unabhängig von der subjektiven Bewertung
der Interviewer durchgeführt wird, ist hier genauer.

1.2 Soziokulturelle Selektion

Die Scheidungsrate war in den unteren sozialen Schichten höher
(*Hollingshead* et *Redlich* 1958, *Goode* 1956, *Blair* 1967), das be-
traf aber nicht alle Länder (z.B. *Machova* 1974). Bei arbeitenden
Frauen scheint allerdings die Beziehung zwischen der sozialen
Schicht und der Scheidungswahrscheinlichkeit eher umgekehrt:
Frauen mit einem hohen Einkommen lassen sich häufiger scheiden
als die mit einem niedrigen Einkommen. Die wirtschaftliche Unabhängigkeit einer Frau erlaubt ihr leichter die Entscheidung zur
Trennung. Es hat allerdings den Anschein, als würde sich mittlerweile die Beziehung zwischen der Scheidungshäufigkeit und der
sozialen Schicht in den USA eher ausgleichen (*Hunt* und *Hunt*
1977). Zu den Beziehungen zwischen der Scheidung und der sozialen Schicht siehe auch *Goode* (1976). Auf der anderen Seite
ist die psychiatrische Morbidität in den unteren Klassen größer.
Dies wird zum Teil durch den sozialen Abstieg — die Drifthypo-
these —, zum Teil durch erschwerende Bedingungen des Lebens
für die Menschen aus niedrigeren sozialen Klassen erklärt (siehe
dazu z.B. *Häfner* 1978). Die geschiedenen psychiatrischen hospitalisierten Kranken am Zentralinstitut für Seelische Gesundheit in
Mannheim wiesen eine etwas niedrigere soziale Schichtung auf als
die nach Alter und Geschlecht parallelisierten verheirateten Kranken. Das kann allerdings auch durch den sozialen Abstieg nach der
Scheidung erklärt werden, besonders deshalb, weil der Unterschied
bei Frauen wesentlich deutlicher herauskam, die finanziell und sozial nach der Scheidung eher betroffen waren. Das Problem besteht

hier darin, daß die größere psychiatrische Morbidität in den unteren sozialen Schichten vor allem die Schizophrenie betrifft, die Depressionen schon fraglich, bei Selbstmorden finden wir ein umgekehrtes Verhältnis (dazu z.B. *Dublin* 1963 oder *Maris* 1969).

Ähnliches gilt auch für die Analyse der Rassenunterschiede. Die schwarze Bevölkerung in USA weist höhere Scheidungsraten (*Plateris* 1980) wie auch größere psychiatrische Morbidität auf, dafür aber niedrigere Selbstmordraten (z.B. *Kramer* et al. 1972). Zu den Scheidungsproblemen der weißen und schwarzen Bevölkerung in den USA siehe Näheres bei *Kitson* et *Raschke* (1981).

Auch bei den Protestanten finden wir eine höhere Scheidungsrate (*Nellessen* 1978), zugleich höhere Selbstmordraten (hier z.B. *Durkheim* 1973 und *Dublin* 1963), aber gleichzeitig auch eine längere Lebenserwartung, wenigstens in der Bundesrepublik Deutschland (*Bojanovsky* 1979). Auch der Einfluß der Religionen scheint sich in der letzten Zeit, wenigstens in den USA, zu vermindern (*Hunt* et *Hunt* 1977).

Ein anderer Faktor, der zugleich das Scheidungs- und Krankheitsrisiko erhöhen kann, ist die Arbeitslosigkeit (zu der Scheidungshäufigkeit bei Arbeitslosen siehe *Kitson* und *Raschke* (1981) und *König* (1974).

Die Komplexität der sozialen Zusammenhänge erzwingt, daß man solche Faktoren als intervenierende Variablen weiter in Betracht ziehen und mit multiplen Regressionsanalysen, vor allem mit der Pfad-Analyse, berechnen muß.

Manche dieser Faktoren können nur auf kollektiver Ebene wirken, das bedeutet, daß bestimmte Gruppen der Bevölkerung wesentlich höhere Scheidungsziffern und zugleich höhere Scheidungs- und Morbiditätsraten aufweisen. Es wäre aber ein ökologischer Fehlschluß, aus diesen Untersuchungen auf kollektiver Ebene die Behauptung abzuleiten, geschiedene Individuen seien gefährdeter. Bei der Population mit hoher Scheidungshäufigkeit könnten Verheiratete ein ähnliches Risiko tragen wie Geschiedene. Wenn man zum Beispiel in der Stadt höhere Scheidungs- und zugleich Morbiditätsraten findet als auf dem Land, bedeutet das nicht automatisch, daß an dieser hohen Morbidität nur Geschiedene beteiligt sind und nicht auch Ledige, Verheiratete und Verwitwete. Es ist dann notwendig, auch auf individueller Ebene den Beweis dafür anzutreten, daß Geschiedene auch in diesem Kollektiv mehr gefährdet sind als andere Bevölkerungsgruppen. Damit kommt man zur zweiten Hypothese:

1.3 Selektion durch schicksalhafte Belastungen

Oft findet man bei Geschiedenen verschiedentlich zusätzliche Belastungen, die sowohl die psychische Störung als auch die Scheidung mitbeeinflussen, so zum Beispiel häufiger vorhergehende Kriegsgefangenschaft (*Bobon* et *Dethienne* 1976), Geburt eines Kindes mit Spina befida (*Tew* et al. 1977) oder Entstellungen nach einer Verbrennung (*Chang* et al. 1976), eine Wirbelsäulenverletzung (*Naughton* 1975) oder eine Hysterektomie (*Ballinger* 1977). Manche gemeinsamen Belastungen können allerdings die Ehe auch festigen, wie z.B. ein wegen Krebs behandeltes Kind (*Lansky* et al. 1978) oder eigene gesundheitlichen Probleme (*Bentler* et *Newcomb* 1978). Sogar auch psychotische Erkrankungen bei einem Ehepartner kann die Ehe stärken, aber eher wenn sie später in einer länger dauernden Ehe auftreten und keine allzulange Hospitalisierungen erfordern (*Dupont* et al. 1971).

Es scheint, daß vor allem die Belastungen, die zu Ehekonflikten führen, sowohl die Scheidung als auch eine psychische Störung provozieren.

1.4 Selektion durch Wiederheirat

Dies ist ein häufig angeführtes Argument, daß die psychisch und körperlich Gesünderen wieder heiraten und die Depressiven oder sonstwie Kranken oder Schwächeren eine geringere Möglichkeit haben, eine neue Ehe einzugehen. Es gibt noch keine genügend genauen Statistiken über den Gesundheitszustand der Wiederverheirateten, die diesen Selektionsfaktor berücksichtigen. Hier besteht zumindest die Möglichkeit einer gegenseitigen Beeinflussung: die Gebrechlicheren bleiben eher geschieden als die Starken und Gesunden; andererseits werden manche, gerade weil sie geschieden bleiben, eher krank als diejenigen, die eine neue Bindung eingehen können. Diese zweite Möglichkeit müßte man mit der pathogen wirkenden sozialen Rolle der Geschiedenen erklären. Gemäß dieser Hypothese sollten allerdings Ledige im Erwachsenenalter, bei denen die Heiratsfähigkeit durch eine Krankheit beeinträchtigt ist, eine noch größere Morbidität aufweisen als Geschiedene, die wenigstens einmal eine Ehe geschlossen haben. Außerdem ist die Wiederheiratsquote der geschiedenen Männer höher als die der Frauen, so daß bei denen dieser Selektionsfaktor noch stärker einschlagen müßte, obwohl geschiedene Männer durch größere Morbiditäts- und Selbstmordhäufigkeit betroffen sind. Auch die zeitliche Analyse der Selbstmorde nach der Scheidung (*Bojanovsky* 1979; vgl. Tabelle S. 45) zeigt, daß die Selbstmorde im ersten Jahr besonders häufig von Männern durchgeführt werden, während sich in dieser Zeit die Selektionen noch durch Wiederheirat nicht voll auswirken.

Zu den Morbiditäts- und Mortalitätsanalysen muß man noch bemerken, daß in vielen Statistiken Getrenntlebende zusammen mit Verheirateten aufgeführt werden, was die Unterschiede zwischen den Verheirateten und den Geschiedenen eher kleiner macht, als sie tatsächlich sind. Es scheint, daß die Selektion durch Wiederheirat bei weitem nicht die größere Morbiditäts- und Mortalitätsraten bei Geschiedenen erklären kann.

Hypothese über den Verlust der schützenden Wirkung der Ehe, zum Alleinleben in unserer Gesellschaft ähnlich wie Ledige oder Verwitwete (verwandt mit der selektiven Hypothese der Wiederheirat, aber auch mit der spezifischen Wirkung der sozialen Rolle der Geschiedenen in der Gesellschaft):

Verheiratete leben gesünder als Nichtverheiratete (hier ist allerdings ebenso die kausale Wirkung als auch eine Selektion durch die größere Heiratschance der Gesünderen möglich). Schon *Durkheim* hat einen Erhaltungskoeffizienten der Verheirateten für die Selbstmorde errechnet. Die Ehe bietet häufiger feste Bindungen, feste Pflichten, ist sozial mehr integriert, das heißt akzeptiert und unterstützt, die Lebensbewältigung ist leichter durch die komplementäre Aufteilung der Pflichten, man lebt weniger risikoreich, auch was die Ernährung und die Sexualität betrifft. Die Statistiken zeigen eindeutig, daß die Verheirateten die niedrigste Rate für die Morbidität und Mortalität inklusive der Selbstmordmortalität aufzeigen. Das Wohlbefinden der Verheirateten ist im Vergleich zu den Nichtverheirateten größer (*Blumenthal* 1967, *Briscoe* et *Smith* 1974, *Gurin* et al. 1960, *Knupfer* et al. 1966, *Radloff* 1975, *Srole* et al. 1962, aber auch mit seltener Ausnahme von *Dupuy* et al. 1970). Die Ehezufriedenheit korreliert mit Gesundheit (z.B. *Rogers* et al. 1970), was sich allerdings gegenseitig bedingen kann. Diese Hypothese würde bedeuten: erstens daß die Geschiedenen ähnlich betroffen sind wie Ledige oder Verwitwete und Getrenntlebende; und zweitens daß die Wiederverheirateten sich einer ähnlich besseren Gesundheit erfreuen wie die Erstverheirateten. Die Zahlen über Morbidität und Mortalität zeigen deutlich, daß es bei Geschiedenen, Verwitweten und Ledigen Unterschiede in der Morbidität und Mortalität gibt und diese auch im unterschiedlichen Alter deutlich ausgeprägt sind — bei Verwitweten in jüngerem Alter, bei Ledigen in höherem Alter, bei Geschiedenen offensichtlich ohne eindeutige Alterspräferenz. (Einen methodisch ausgezeichneten Vergleich der geschiedenen und verwitweten Frauen haben unlängst *Kitson, Lopata* et al. (1980) durchgeführt. Geschiedene

Frauen fühlen sich mehr beeinträchtigt in ihren Beziehungen zu anderen, nahmen eine eher negative Einstellung zu dem ehemaligen Ehepartner ein als Witwen. Die größere Klarheit der Rollen der Witwen sichert wahrscheinlich eine größere soziale Unterstützung und leichtere Adaption.) Außerdem ist die Gesundheit der Wiederverheirateten weniger gut als die der Erstverheirateten (*Warheit* et al. 1976). *Glenn* und *Weaver* (1977) fanden allerdings eine größere Unzufriedenheit der Wiederverheirateten eher bei Frauen, nicht aber bei Männern. Insgesamt waren aber die Wiederverheirateten fast ebenso glücklich wie in ihrer ersten Ehe. Äußerungen der Zufriedenheit nach der Wiederheirat können allerdings stärkere Verdrängungsmechanismen beinhalten als in anderen Situationen (um sich ein wiederholtes Versagen nicht eingestehen zu müssen).

1.5 Möglicher Einfluß des Wiederheiratsdruckes

Dieser Druck wäre in der aggressiven Phase am stärksten — also bald nach der Scheidung — was einem größeren Risiko für Selbstmord und Morbidität in den ersten zwei Jahren nach der Scheidung entspricht. Außerdem dürfte sich die Ambivalenz dieser Tendenz äußern — zugleich fürchtet man eine Wiederholung der negativen Erlebnisse während des Scheiterns der Ehe und der Scheidung.

Für diesen Einfluß spricht auch die Analyse der Morbidität und Mortalität von Verwitweten — die von Jungen besonders schwer ertragen wird — wie auch von Ledigen, bei denen die Frauen früher, Männer etwas später unter ein höheres Risiko geraten. In Verbindung damit steht die soziologische Hypothese der verminderten Statusintegrität bei Selbstmorden von *Gibbs* und *Martin* (1964): Belastend wirkt sich aus, wenn man von sozialen (zum Teil verinnerlichten) Statusrollen abweicht.

1.6 Selektion durch persönlichkeitszerstörende Ehekonflikte (postmarital disability)

Es kann als die wichtigste Frage angesehen werden, ob Scheidungen eher eine Lösung der Konfliktsituation, eine Befreiung, Erleichterung oder erst das schwerwiegendste Trauma und eine neue Belastung darstellen. Offensichtlich sind beide Alternativen möglich, aber auch ihre Kombination. Die Betroffenen sind hierbei drei aufeinanderfolgenden Situationen ausgesetzt: dem Zerfall der Ehe, dem Scheidungsprozeß und dann der Rolle des Geschiedenen in der Gesellschaft. Was davon am schwierigsten zu bewältigen ist, können longitudinale, möglichst prospektive Studien entscheiden. Es gibt zu diesem Problem nur einige indirekte Hinweise. Unter den Ereignissen (life events), die einer Depression häufiger vorausgehen (im Vergleich zu einer Kontrollgruppe von Gesunden), findet man etwa gleich oft die Trennung wie auch zwischenmenschliche, familiäre Konflikte (*Paykel* et al. 1969). Bei einem Vergleich einer Gruppe mit Selbstmordversuchen, einer Gruppe mit Depressionen ohne Selbstmordversuch und einer gesunden Kontrollgruppe war die erste Gruppe besonders durch frühere Auseinandersetzungen mit dem Ehepartner vor dem Versuch gekennzeichnet. Eine eheliche Trennung nach Konflikten war häufiger bei der depressiven Gruppe zu finden als bei den Suizidenten (allerdings war dieser Unterschied nicht mehr signifikant) (*Paykel* et al. 1975). Es scheint, daß der Selbstmordversuch nach einer Auseinandersetzung viel eher als eine manipulative Waffe anzusehen ist, während bei der definitiven Trennung dann erst der eigentliche, mit einer Depression verbundene Trennungsprozeß beginnt. Ähnlich zitiert haben wir auch schon *Myers* (1972), der in einer longitudinalen Kontrolle der life events die Scheidung nicht mehr als ein zusätzlich wirkendes Trauma gefunden hat, wahrscheinlich deshalb, weil die vorausgehenden Konflikte schon eine psychische Störung hervorgerufen hatten.

Bei einer Untersuchung mit Fragebogen hat *Renne* (1970, 1971) festgestellt, daß unglücklich Verheiratete eine schlechtere physische Gesundheit angaben als eine parallelisierte Gruppe von Geschiedenen und glücklich Verheirateten. Scheidung und Wiederheirat hatte der gesündere Teil der unglücklich Verheirateten hinter sich gebracht. (Man muß allerdings bedenken, daß die Angabe der schlechteren Gesundheit bei unglücklich Verheirateten zum Teil eine Verschiebung der ehelichen Problematik auf die gesundheitlichen Beschwerden bedeuten konnte.) Auch in unserer Untersuchung (*Wagner* et *Bojanovsky*) schien es, daß ein Teil der Befragten seine schlimmste Zeit noch in der Ehe erlebt hat und nach der Trennung und Scheidung sich dann besser fühlte, während der andere Teil erst danach gelitten hat. Es sei hier angemerkt, daß es als wahrscheinlich angesehen werden kann, daß auch die Kinder in zerrütteten Ehen mehr leiden als nach einer Scheidung (Literatur z.B. bei *Stober* 1980).

Die Frage, ob die Liberalisierung des Scheidungsrechts, die in der Realität Scheidungen auch bei nichtextremen Ehekonflikten erlaubt, gesundheitlich den meisten Menschen hilft, neutral ist oder eher Leiden bereitet, kann man nur auf der kollektiven Ebene wenigstens zum Teil lösen. Vorläufig scheint es, daß die ansteigende Scheidungsrate in der Bundesrepublik, in den Vereinigten Staaten und in anderen industrialisierten Ländern nach den Fünfziger Jahren nicht eindeutig mit einem Ansteigen der Selbstmordrate begleitet ist. Sehr wichtig dürfte auch die Art der Scheidung, also die Stärke der Traumatisierung während des Prozesses und die sozialen Einstellungen gegenüber den Geschiedenen sein.

Das alte Gesetz mit dem Schuldprinzip hat sicher dazu beigetragen, daß allzu viele „schmutzige Wäsche gewaschen" wurde, das heißt, es kam zu gegenseitigen Beschuldigungen und Beleidigungen. Dies entfällt nach dem neuen Gesetz, welches vor der Scheidung eine einjährige Trennung vorschreibt, wobei die Traumatisierung allmählicher wirkt. Manchmal ist allerdings der eindeutig unschuldige Partner frustriert, da er mit dem Schuldigen gleichgesetzt wird. Es ist schade, daß die Gesetzesänderungen nicht mit einer wissenschaftlichen Kontrolle der Folgen verbunden werden.

Je häufiger Scheidungen nach anhaltender Liberalisierung vorkommen, werden allerdings auch die Vorurteile gegen die Scheidung sinken, so daß sich dann auch die Rolle des Geschiedenen in der Gesellschaft leichter gestalten wird. Außerdem beteiligen sich an diesem Schicksal immer mehr „normale" Menschen, ohne Tendenzen zu einer abweichenden Lebenskarriere.

VII Psychische Störung als Folge oder als Ursache der Scheidung?

Fragliche Richtung der Kausalität

Einen Teil dieser Problematik haben wir bereits früher besprochen. Hier müssen wir uns nun mit der Frage beschäftigen, wie weit die höhere Morbidität der Geschiedenen wie auch überhaupt die Ehekonflikte und die Scheidung als Folge einer prädisponierten Persönlichkeit oder vorausgehenden Erkrankung (premarital disability) zu erklären sind. Aus dem oben Geschilderten sieht man, wie schwierig es ist, zu differenzieren, ob die psychischen Störungen eher als Folge, nicht aber als Ursache der Eheprobleme und Scheidung entstanden, sind. In vielen wirkt beides gleichzeitig, so daß diese psychischen Schwierigkeiten auf der einen Seite zu Eheproblemen mit darauffolgender Scheidung beitragen und darüber hinaus andererseits zusätzlich durch Konflikt- und Streßsituationen sowie Traumen noch verstärkt werden.

1 Analyse der Morbidität: neurotische und psychopathische Störungen

Es ist vor allem das breite Spektrum der neurotischen und der Persönlichkeitsstörungen, das sehr häufig bei der Scheidung in Erscheinung tritt. Sie werden bei 40% der Geschiedenen angegeben. Zum Teil treten sie lange vor der Ehe auf und werden von psychischen Faktoren der Kindheit mitbestimmt. Oft handelt es sich um eine mehrere Generationen betreffende Problematik: Scheidungen der Eltern mit falscher Sozialisierung der Kinder führen zu Perpetuierung der Verhaltensweisen (*Beal* 1980). *Blacker* (1958) fand bei geschiedenen hospitalisierten Patienten im Vergleich zu Verheirateten wesentlich häufiger die Diagnosen Alkoholismus, Drogenmißbrauch, vor allem aber psychopathische Persönlichkeiten. Ähnliche Ergebnisse zeigten sich auch im Zentralinstitut für Seelische Gesundheit in Mannheim (*Olbrich* und *Bojanovsky* 1981). *Loeb* (1966) eruierte ein höheres psychopathisches Score im MMPI bei Geschiedenen im Vergleich zu Verheirateten.

Eine sehr wichtige Rolle bei der Scheidung spielt der Alkoholismus. *Bruhn* (1964), der als Psychiater in Dänemark am Gericht bei den Fragen der Sorgepflicht für die Kinder nach der Scheidung tätig war, fand bei 10% der geschiedenen Ehen bei wenigstens einem

Partner eine psychotische Störung, bei 10% schweren Alkoholismus, bei 5% Kriminalität und bei 5% sexuelle Abweichungen. *Woodruff* et al. (1972) stellten bei geschiedenen psychiatrischen Patienten im Vergleich zu Verheirateten vor allem schweres Trinken in der Anamnese sowie Drogenmißbrauch und Vagabundieren fest. Außerdem waren bei den Geschiedenen häufig auch eine Scheidung der Eltern, Erziehung durch Verwandte oder Freunde und nicht durch die Eltern, früherer Anfang sexueller Betätigung und häufigerer Wechsel der sexuellen Partner festzustellen. Auch bei Alkoholismus ist nur sehr schwer zu unterscheiden, wo er als Ursache der Ehezerrüttung und der Scheidung wirkt und wo er als Folge der Ehekonflikte in Erscheinung tritt.

2 Depressionen

Um eine Analyse der Rolle, die Depressionen bei der Scheidung spielen, bemühten sich *Briscoe* et al. (1975). Bei einem Teil der depressiven Geschiedenen kam es schon früher zu ähnlichen Episoden und auch in der Verwandtschaft wurden häufiger depressive Krankheiten aufgedeckt. Bei diesen Kranken handelt es sich offensichtlich mehr um eine Provozierung oder Reaktivierung der Depressionen durch die Scheidung. In der klinischen Analyse fanden sich von 45 Depressiven bei 24 die zeitliche Abhängigkeit des Auftretens der Depressionen von mit dem Scheitern der Ehe verbundenen Ereignissen, während bei 21 keine solche Beziehung festgestellt wurde. Bei den letzteren handelte es sich eher um Depressionen, die nicht als Folge der Eheprobleme angesehen werden können, aber dennoch zur Scheidung beigetragen haben könnten.

3 Andere schwerwiegende psychische Störungen

Bei einem nicht unbeträchtlichen Teil der hospitalisierten Geschiedenen wurden auch schwere psychotische Zustände gefunden, wie Schizophrenie, paranoide Entwicklung usw. Auch wenn diese Erkrankungen nicht als rein reaktiv betrachtet werden, könnten die Eheprobleme zur Manifestation der Krankheit beigetragen haben. *Ødegaard* (1953) analysierte die Krankengeschichten von 71 geschiedenen psychotischen Patienten. In 7 Fällen konnte die Scheidung die Psychose provozieren, in 46 Fällen dagegen war eher die Psychose eine der Ursachen der Scheidung. Daraus schloß er, daß die hohe Inzidenz für Psychosen bei Geschiedenen ein Ergebnis der sozialen Selektion sei, basierend auf präpsychotischen und psychotischen Charakterzügen, die schon vor der Scheidung vorhanden waren. *Turner* et al. (1970) beschreibt ebenfalls die selektive Wirkung einer Psychose auf den Familienstand. Es sei die vorausgegangene Psychopathologie, die eine Ehe unwahrscheinlicher und, falls es dazu kommt, eine Scheidung wahrscheinlicher mache. Dagegen spiele das soziale Milieu des Ledigen, Verheirateten, Geschiedenen oder Verwitweten keine so entscheidende Rolle für die Prognose. *Brown* et al. (1966) stellten fest, daß von erstmals hospitalisierten schizophrenen verheirateten Kranken in fünf Jahren 44% der Männer und 27% der Frauen geschieden wurden oder getrennt lebten. In einer ausführlichen Studie fand *Stevens* (1970) bei der Analyse von hospitalisierten schizophrenen und manisch depressiven Frauen, daß eine erhöhte Anzahl von ihnen schon vor der Hospitalisierung geschieden war und daß zur Scheidung eher die prämorbide Persönlichkeit als die Krankheit beigetragen hat. Bei diesen Kranken sei sowohl die Scheidung als auch die Krankheit mitbedingt durch persönliche Eigenschaften. Bei einer Kontrolle nach zehn Jahren wurden erheblich mehr Schizophrene als manisch Depressive ermittelt, die innerhalb dieses Zeitraums als Folge der Krankheit geschieden worden waren, wobei eine besondere Häufung bei Kranken mit langen Aufenthalten in Krankenhäusern zu beobachten war. Auch *Bloom* et al. (1977) bestätigte, daß einer Trennung oder Scheidung häufig eine psychiatrische Behandlung vorausgegangen war. Bei einer Studie über chronische Invalidität als Folge psychischer Krankheit analysierte *Susser* et al. (1969) 19 geschiedene chronisch Invalide. Bei dieser Untersuchung stellte er fest, daß nur vier dieser Patienten zum Zeitpunkt der Ersthospitalisierung geschieden waren, dagegen elf noch verheiratet und vier noch nicht verheiratet. Das deutet darauf hin, daß die psychische Störung der Scheidung vorausgegangen war.

4 Analyse der gestörten Ehen

Ebenso aufschlußreich wie die Unterschungen der gestörten Ehen könnte es sein, einmal die verschiedenen Charakteristika der durch die Scheidung bedrohten Personen zu beleuchten. Das gleiche gilt hinsichtlich der guten oder schlechten Adaptationsmöglichkeiten in der Ehe. Zwei Arbeiten zu der ersten Frage kommen aus der Baseler Klinik. *Zuber* (1967) beschreibt bei den zur Beratung kommenden Ehepartnern einen hohen Prozentsatz psychisch auffälliger Charaktere, bei denen offensichtlich die ausschlaggebende Bedeutung der Kindheit für das Schicksal der Ehe festzustellen war. Bei über 80% der Ratsuchenden sei die Kindheit eines oder beider Part-

ner grob gestört gewesen. Schon die Ehen der Eltern seien über-
durchschnittlich häufig gestört und die Kinder zeitweilig ander-
wärts — in Heimen oder Pflegefamilien — untergebracht gewesen.
Lobos (1971) verglich psychiatrisch ambulant behandelte Patienten (endogene und organische Krankheiten wurden ausgeschlossen)
und ihre Ehepartner mit einer parallelisierten Gruppe von nicht behandelten arbeitsfähigen Ehepaaren. Unter den Patienten gab es
signifikant häufiger „broken home"-Konstellationen in der Kindheit, gestörte Eltern-Kind-Beziehungen, Frustrationen und Über-
protektion von seiten der Eltern, Alkoholismus des Vaters und/
oder der Mutter und große Geschwisterzahlen. Sie stammten überwiegend aus bestimmten Stadtquartieren mit ungünstigeren Wohn-
verhältnissen, erhöhter Mobilität und sozialer Verunsicherung durch
intensiven Abbruch kostengünstiger Wohnungen. Nicht selten handelte es sich um Muß- und Zweitehen; in der Regel mußten auch
die Ehefrauen aus finanziellen Gründen einer bezahlten Tätigkeit
nachgehen. Dagegen bestanden keine Unterschiede zwischen beiden
Gruppen in Bezug auf die Anzahl der eigenen Kinder, den Alters-
unterschied zwischen den Ehepartnern, die unterschiedliche Reli-
gionszugehörigkeit sowie auf die Anhäufung von psychischen und
somatischen Störungen in der Kindheit und auf die Land-Stadt-
Herkunft.

Bei den Untersuchungen des ehelichen und familiären Erfolgs
analysierte *Locke* (1968), sich auf die grundlegenden Arbeiten von
Burgess stützend, eine Gruppe von geschiedenen und glücklich verheirateten Ehepaaren. Es bestand allerdings ein Kontinuum zwischen sehr gut und sehr schlecht adaptierten Ehepartnern. Neben
solchen Faktoren wie gemeinsamer Interessen und Zuwendung,
gegenseitiger sexueller Anziehung und Befriedigung, Einstellung
der Verwandten und ökonomischen Verhältnissen zeigte sich auch
die Persönlichkeit, vor allem die Soziabilität der Menschen, ihre
Fähigkeit, Konflikte zu bewältigen und Verantwortung zu übernehmen und auch ihre Konventionalität als entscheidend. Geschiedene Frauen und Verwitwete erreichten in der Zweitehe genau so
gute Adaptation wie die Erstverheirateten (im Unterschied zu den
zwei bereits oben erwähnten Untersuchungen).

Auch *Rogers* et al. (1970) berichteten, daß die eheliche Zufriedenheit mit den Tests der emotionalen Stabilität korreliert. Es
wurden auch einige longitudinale Untersuchungen der glücklichen
und der mißglückten Ehen durchgeführt. Zum Beispiel beschrieben
Bentler und *Newcombe* (1978) einige Persönlichkeitscharakteristika
der glücklichen und der geschiedenen Paare mit größerer Häufigkeit
der elterlichen Scheidungen bei den jetzt geschiedenen Paaren.

5 Direkte Wirkung des Ehezerfalls

Für die ursächliche Wirkung der Ehezerrüttung und Scheidung bezüglich psychischer Störungen bei Geschiedenen sprechen eindeutig die Verlaufsuntersuchungen, die zeigen, daß diese Störungen nach Jahren meistens abklingen.

Es ist als wahrscheinlich anzusehen, daß Scheidungen weniger traumatisierend wirken, je häufiger sie sich in der Bevölkerung abspielen. Erstens werden dadurch nicht nur Menschen betroffen, die, aus welchen Ursachen auch immer, die (zum Teil verinnerlichten) Normen, die mit natürlichen Sanktionen verbunden sind, durchbrechen. Zum zweiten mildern sich auch die Vorurteile gegen die Geschiedenen, je öfter auch Bekannte und Verwandte dieses Schicksal schon erlitten haben. Und drittens ist auch die Rolle der Geschiedenen leichter, wenn sie häufiger ähnlich Betroffenen begegnen, mit denen sie Erfahrungen austauschen und sich gegenseitig Hilfestellung geben können.

VIII Trennung und Scheidung als Lebensereignis und die soziale Rolle der Geschiedenen

In vielen Fällen dürfte es schwer sein zu entscheiden, ob die Trennung die negativen Auswirkungen erzeugt oder erst die endgültige Scheidung. Sicher gibt es unterschiedliche Reaktionen, bei den einen zeigt die Trennung eine pathogene Wirkung, bei den anderen die Scheidung. Die meisten allerdings werden sowohl unter der Trennung als auch unter der Scheidung schwer leiden. Nur ein kleiner Teil der Betroffenen leidet auch unter der sozialen Rolle der Geschiedenen in der Gesellschaft längere Zeit. Die meisten heiraten nämlich in der Regel bald wieder. Da es für geschiedene Männer erfahrungsgemäß leichter ist, sich wieder zu verheiraten als Frauen, besteht in der Population der Geschiedenen ein Übergewicht der Frauen — in den Vereinigten Staaten 5 zu 3 (*Hunt* et *Hunt* 1977), in der Bundesrepublik 3 zu 2 (Statistisches Bundesamt 1981).

Die Frage, welcher der beiden Faktoren schwieriger zu bewältigen ist, hat auch bezüglich der Prävention eine bestimmte Bedeutung: Sind präventive Maßnahmen gezielt bzw. für alle Betroffenen vorzunehmen oder sollten sie nur bei denen eingesetzt werden, die als eine selektierte Gruppe an chronischen Belastungen leiden?

Die Probleme der Trennung und Scheidung wurden schon weitgehend in dem Kapitel über psychodynamische Faktoren und über life-event-Forschung besprochen. In der sozialen Rolle des Geschiedenen entstehen objektive Schwierigkeiten, zum Beispiel finanzielle, bei der Kindererziehung und andere, ähnlich wie bei allen alleinstehenden Müttern und Vätern. Außerdem bestehen aber spezifische gesellschaftliche Vorurteile gegenüber den Geschiedenen. Diese Vorurteile können sich subjektiv in Erwartungen der Geschiedenen und darauffolgender Unsicherheit, Komplexen und ähnlichem äußern, oder objektiv im tatsächlichen Verhalten der anderen, auch wenn es sich um nach außen unauffällige, aber trotzdem verletzbare Verhaltensweisen handelt. Die Rolle der Geschiedenen ist deshalb auch erschwert, da es hier keine eingeführten Zeremonien und Vorschriften als Rites de Passage wie bei Heirat oder Verwitwung gibt. Es bestehen auch chronische subjektive „Residuen" der unvollkommenen Verarbeitung der vorausgehenden Ehezerrüttung und Scheidung, die oft zu einem risikoreichen Verhalten führen.

Die Vorurteile gegenüber den Geschiedenen werden meisterhaft aufgezeigt von *Hunt* (1966) und *Weiss* (1980). Soziologisch kann man sie als ein Problem der sozialen Integration definieren. Für Verheiratete ist es relativ leicht, sich sozial zu integrieren, während Ledige von einem bestimmten Alter an sowie Geschiedene und Verwitwete, diese wiederum besonders in jüngerem Alter, eine solche Art der sozialen Integration kaum erfahren. Sie haben keine klare Orientierung bezüglich ihrer sozialen Rollen und sind darum häufiger traumatisierenden Situationen ausgesetzt. Diese Konzeption arbeiteten vor allem *Gibbs* und *Martin* (1964) mit anderen Faktoren für die Erklärung von Selbstmorden mathematisch-statistisch aus. Nach der Kritik an ihren Ergebnissen haben sie allerdings zugegeben, daß nicht ein einzelner Status die Selbstmordraten vollkommen zu erklären vermag. Die Wirkung der sozialen Desintegration konnten wir auch bei unserer Analyse bestätigen. Erhöhte Mortalität betraf ältere Ledige, und hier die Frauen früher als die Männer, und jüngere Verwitwete; die Geschiedenen zeigten dagegen keine Unterschiede nach dem Alter. Gemäß dieser Theorie sollten jedoch Scheidungen weniger pathogen wirken, nachdem sie in der Bevölkerung ansteigen und üblicher werden. Es scheint, daß die niedrigeren Morbiditätsraten bei Schwarzen, besonders bei Frauen, damit erklärt werden können, daß bei ihnen kulturell die Rolle als alleinige Stütze der Familie und Alleinerzieher häufiger zu finden war. In der interessanten Analyse der kollektiven und individuellen Daten fand *Bloom* (1975) jedoch in seiner schon erwähnten Community-Center-Studie gerade in den Bezirken mit allgemein höherem Anteil von Geschiedenen höhere Morbiditätsraten für die Geschiedenen, besonders für ihre wiederholten Aufnahmen. Bei solchen ökologischen Untersuchungen muß man allerdings bedenken, daß hier die Selektion durch Umzüge in bestimmte Stadtviertel eine wichtige Rolle spielt.

Wenn auch genaue Analysen bis jetzt nicht möglich sind, so scheint es doch, daß die Trennung und die Scheidung bei den meisten Betroffenen traumatisierender wirken als dann die Rolle des Geschiedenen. So betonten *Stein* und *Susser* (1969), daß die Änderungen belastender wirken als die chronischen Situationen. Außerdem deuten auf diesen Schluß auch die direkten Untersuchungen der Geschiedenen (beschrieben im vierten Kapitel) wie auch die Analysen der Risikozeit für Selbstmorde und für die psychiatrische Hospitalisierung. Es deutet sich hier ein möglicher geschlechtlicher Unterschied an. Bei Männern könnte sich die Scheidung eher als Ereignis auswirken, bei Frauen ist es überwiegend die ungünstige Rolle der Geschiedenen.

1 Scheidungshäufigkeit als eine soziale Erscheinung

Viele verschiedene Faktoren, die auf den Geschiedenen einwirken, wie zum Beispiel seine und seiner Bezugspersonen Einstellung zur Scheidung und zum Geschiedensein, die juristische Möglichkeit der Scheidung und die Wiederheiratschancen, aber auch die Selektionsfaktoren der sozialen Schichten, wie Wohnverhältnisse und Berufstätigkeit, hängen von den gesellschaftlichen Gegebenheiten ab. Deshalb sind die Analysen der Scheidungsproblematik auf kollektiver Ebene von Bedeutung. Einerseits bieten sie die Grundlage der sozialen Vorbeugung, das heißt der Eingriffe in allgemeine soziale Bedingungen, mit denen man bestimmte Störungen oft besser bekämpfen kann als bei der blossen Orientierung auf die direkt gefährdeten Individuen (siehe dazu näher das Kapitel über die Prävention). Andererseits ist die Scheidungsrate und das Schicksal der Geschiedenen ein wichtiger Indikator für den Zustand der Gesellschaft respektive ihrer sozialen Erscheinungen und Einrichtungen.

Von seiten der Gesellschaft muß man sowohl die formalen, das heißt rechtlichen und auch von anderen Organisationen festgelegten Regeln, als auch die viel wichtigeren informalen sozialen Prozesse wie Einstellungen, Verhaltensweisen, die vor allem eine moralische Betonung haben, von *Durkheim* als soziale Tatsachen bezeichnet, in Betracht ziehen. Das formale, vor allem rechtliche System kann bei weitem nicht die volle Problematik der Ehezerrüttung und Scheidung erfassen. Auch in den Staaten, in denen die Institution der Scheidung nicht erlaubt ist, leiden Menschen unter ähnlichen Problemen. Die „Scheidung auf italienisch" (also die informale Trennung) erfaßte in Italien nach realistischen Schätzungen ca. 2.300.000 Personen; dazu kommen noch die „weißen Witwen", das heißt die zurückgelassenen Frauen von Emigranten, die anderswo neue Familien gegründet haben.

Es ist kein Wunder, daß die offizielle Scheidungsrate als Indikator verschiedener sozialer Tatsachen erfaßt wurde, wie es *Kitson* und *Raschke* zusammengebracht haben. Nicht nur als Indikator der sozialen Desorganisation, der Familiendesintegration, ehelichen „Maladjustments", der persönlichen Desorganisation oder Pathologie, des sozialen Wandels, einer Form der neudefinierten Abweichung, der niedrigen Kohäsivität, aber auch als Zeichen eines Ventils für nichtfunktionierende Ehen, der Strategie bei Konfliktlösung und als funktional für Individuen und Familien.

Das Gesetz kann eine Scheidung verhindern, nicht aber die faktische Ehezerrüttung (*Rheinstein* 1972). Es scheint allerdings, daß in Irland, wo die Scheidung verboten war, Ehezerrüttungen nicht zu einer Scheidung im Ausland oder zu häufigeren Anträgen auf Nichtigerklärung der Ehen und ähnlichem führen, Scheidungen doch noch relativ selten sind, auch wenn sie sich mittlerweile im Ansteigen befinden. Auch die Einstellung der Bevölkerung, die früher die Scheidung mehrheitlich ablehnte, zeigt sich in der letzten Zeit, vor allem in der jüngeren und der städtischen Bevölkerung, toleranter (*Binchy* 1978). Das rechtliche Verbot der Scheidung verhindert doch eine Wiederheirat und damit eine mehr oder weniger gelungene individuelle und soziale Konsolidierung. Ein zu liberales Recht kann allerdings Menschen zu Ehescheidungen verführen, mit allen ihren nachfolgenden, nicht vorausbedachten Traumatisierungen, obwohl die vorausgegangene Krise nicht immer sehr tiefgreifend gewesen sein muß.

2 Scheidungsrate als Zeichen der gesellschaftlichen Anomie?

Die Analyse der Scheidungsproblematik für die Bestimmung der gesellschaftlichen Verhältnisse hat vor allem *Durkheim* in seiner bahnbrechenden Studie über Selbstmorde aufgezeigt. Er baute dabei auf der Arbeit von *Bertillon* auf, der schon die Beziehungen zwischen Selbstmordraten und Familienstand der Geschiedenen durch eine individuelle Instabilität der Persönlichkeit und damit Prädisposition sowohl für die Scheidung als auch für den Selbstmord zu erklären versuchte. Dagegen hat *Durkheim* darauf hingewiesen, daß in den Gebieten mit einer hohen Scheidungsrate auch die Selbstmordrate der Verheirateten steigt. Zu erklären sei dies nur durch gesellschaftliche Verhältnisse, die er als eheliche Anomie bezeichnet hat, die sowohl die Scheidungen begünstigt als auch die ehelichen Bande der Verheirateten mit Konflikten belastet. Die Selbstmordrate der Geschiedenen liegt nur deshalb höher als die der Verheirateten, weil die Geschiedenen sich oft nicht so leicht integrieren lassen, da sie ihre Beziehungen zu anderen Personen umgestalten müssen. Die Unterschiede zwischen der Selbstmordrate der Geschiedenen, Verwitweten und Ledigen im Vergleich zu Verheirateten, sowie bei Katholiken im Vergleich zu Protestanten hat der Autor der integrierenden Funktion sowohl der Familie als auch des katholischen Glaubensbekenntnisses zugeschrieben. Die Korrelation der Scheidungsraten und der ökonomisch-wirtschaftlichen Schwankungen mit den Selbstmordraten hat er als Anomie gedeutet. Das Konzept der Anomie wird be-

stätigt auch durch das Studium der sozialen Faktoren bei Selbstmord. *Krauss* und *Tesser* (1971) fanden bei einer Analyse von 58
Kulturen, daß die Selbstmordrate durch die Freiheit der Männer
für Scheidung am besten vorausgesagt werden konnte.

Gemessen an der Anzahl der Veröffentlichungen erwies sich
der Begriff der Anomie als sehr fruchtbar, obwohl sich bei seiner
Definition, der Operationalisierung und Aufstellung der Meßinstru-
mente, erhebliche Schwierigkeiten ergeben (s. dazu z.B. *Fischer*
1970).

Der Anomie liegen zwei sich gegenseitig stärkende Prozesse zugrunde: 1. handelt es sich um eine Orientierungsschwäche, das
heißt eine Schwäche des herrschenden Wert- und Normsystems
der Gesellschaft, der Sitten, Schwäche der sozialen Zwänge durch
eine schwache Sozialisation und eine schwache informale Kontrolle der Gemeinschaft, mit mehr Individualismus, als Folge und
zugleich Ursache der größeren sozialen Mobilität. Auf staatlicher
Ebene handelt es sich dann um eine „untergesteuerte Gesellschaft"
nach *Etzioni* mit einer schwachen Kontrolle und dem schwachen
Konsensus, der nur in Notsituationen gestärkt wird. Damit hängt
dann der 2. Prozeß der Anomie, das heißt die steigenden Ansprüche der Menschen mit entsprechend häufigeren Enttäuschungen
und folgenden Depressionen oder Aggressionen, zusammen.

Beide Auswirkungen werden durch eine schwache Sozialisation und Kommunikation der Menschen ausgelöst. Da auch ein
liberales System bestimmte Funktionszwänge auf seine Mitglieder
ausüben muß, entstehen zwangsläufig Anpassungsschwierigkeiten
mit entsprechenden Ausbruchsversuchen (*Laing* 1976, *Cohen* et
Taylor 1977).

So leiden viele Individuen dann unter Entfremdungsgefühlen.
Zum Beispiel definiert *McIver* die Anomie als „Zusammenbruch
des Gefühls der Zugehörigkeit zur Gesellschaft beim Individuum".
Laswell (1952) erklärt sie als einen „Zustand der psychischen
Isolation der Menschen, in dem sie sich allein, abgeschnitten, un-
erwünscht, ungeliebt und nicht beschützt fühlen". Aus diesem Zu-
sammenspiel vieler Faktoren entstehen dann, sofern es an einem
legitimierten, von den meisten anerkannten Herrschaftssystem fehlt,
soziale Konflikte in der Gesellschaft auf verschiedenen Ebenen, die
sich in der Ehe, in Betrieben und anderen sozialen Organisationen,
aber auch zwischen Subkulturen auswirken. Eine allgemeine, grundlegende Definition von *Durkheim* und *Merton* beschreibt die Anomie als einen Zustand, in dem die Handlungsziele widersprüchlich
oder unerreichbar oder unbedeutend für die meisten Menschen erscheinen. Dies führt zur Orientierungslosigkeit mit einem Gefühl
der Leere und Apathie und der Sinnlosigkeit. Somit handelt es

sich um einen Zustand der Gesellschaft, der Einfluß auf die Individuen hat und den man sowohl auf der individuellen als auch auf der kollektiven Ebene untersuchen kann. Auf der individuellen Ebene des Handelns, der Einstellungen und der Gefühle wird dieses Konstrukt als Anomia bezeichnet. Auch auf dieser individuellen Ebene zeigt zum Beispiel *Lee* (1974), daß das Ausmaß an persönlicher Anomia negativ mit dem Grad der Zufriedenheit in der Ehe korreliert. *Booth* und *White* (1979) fanden, daß zehn Prozent der Verheirateten in Nebraska an die Scheidung gedacht hatten. Häufiger waren es solche, die in jugendlichem Alter geheiratet hatten, unzufrieden mit ihrem Einkommen und wenig religiös waren — also mit Anzeichen einer persönlichen Anomia.

Genau im Gegensatz zu den anomischen Systemen stehen solche sozialen Systeme, in denen feste Normen und Sitten herrschen, die gut begründet, legitimiert sind und die die Menschen zur Opferbereitschaft für das Kollektiv erziehen. Die Begründung dieser Normen wie auch der Opferbereitschaft wird am ehesten durch eine einheitliche Weltanschauung gesichert. Traditionelle Kulturen, welche durch feste Normen und Sitten und durch die Kollektivbezogenheit der Menschen charakterisiert wurden, sind heute mehr oder weniger den zersetzenden Einflüssen der Industrialisierung ausgeliefert, besonders, wenn es zu einer Flucht in die Großstädte kommt (in manchen Großstädten der Entwicklungsländer werden allerdings wenigstens bei der erwachsenen Bevölkerung die kulturellen Traditionen noch einigermaßen aufrecht erhalten. Der Anomie unterliegen dann hier eher die Kinder, die zweite Generation der großstädtischen Immigration.)

Mehr Druck auf Einhaltung der Normen und der Sozialisation zur Opferbereitschaft können heute moderne Staaten ausüben, die sich auf eine nationalistische oder universale Weltanschauung berufen, mit einer festen Führung und einer gewissen Begrenzung der Mobilität wie auch der die Ideologie störenden Informationen durch Zensur. Die universal weltanschaulichen Bewegungen, die sich auf ein grundlegendes Buch und kultisch verehrte Gründer stützen, können darüberhinaus ein wesentlich stabileres, supranationales System entwickeln.

3 Gemeinschaft — Gesellschaft

Die meisten Versuche, ein gesellschaftliches System zu charakterisieren, stützen sich auf zwei gegensätzliche Idealbilder. Die meisten Versuche ähneln der Aufteilung von *Tönnies,* nämlich in die Gemeinschaft mit einer hohen Solidarität, mehr Liebe-Haß-Einstellun-

gen und -Beziehungen, mit gemeinsamen Zielen, Kollektivorientiertheit der Menschen und Feindschaft gegenüber den Abweichlern
oder Kritikern, und in die Gesellschaft mit mehr Individualismus
und mit mehr frustrierenden, auf Zusammenarbeit oder Konkurrenzverhalten basierenden zwischenmenschlichen Einstellungen.
Die Gemeinschaft kann auf Grund der Verwandtschaft, Nachbar-
schaft, Freundschaft, aber auch des Glaubens oder der Not entstehen. Es ist klar, daß allein eine Glaubens- oder eine weltanschauliche Gemeinschaft imstande ist, ein dauerhaftes und großes System, das eventuell die gesamte Menschheit zu verbinden vermag,
aufzubauen. Als Beispiele solcher universellen Gemeinschaften kann
man die christliche, die islamische und auch die marxistische Weltanschauung betrachten. Dagegen nähert sich dem Idealbild der Gesellschaft nach *Tönnies* eher die westliche Kultur mit relativ geringem Konsensus und einem Mangel an Solidarität und Kollektivorientiertheit der Menschen, jedoch mit einer Tendenz zur Anomie.
Im Vergleich dazu erziehen nationalistische (wie auch nationalso-
zialistische) Staaten die Menschen eher zu einer Gemeinschaftshal-
tung. Allerdings sind sie nicht universell.

Eines der Probleme dieser Konstrukte steckt darin, daß die sozialen Systeme in unterschiedlichen Ebenen einmal mehr zur Gemeinschaft tendieren, zum Beispiel die Familie, dann mehr zur
Gesellschaft, zum Beispiel der Betrieb. Vereinfachen kann man
dies etwa dadurch, daß man die organisatorischen politischen
Ebenen der Staaten einem Vergleich unterzieht. Zum einen gibt
es die „gemeinschaftlichen" Staaten mit einer herrschenden einheitlichen Organisation, wie die Einheitspartei oder die Kirche im
Mittelalter. Im Gegensatz dazu steht der „gesellschaftliche" plura-
listische liberale Rechtsstaat, der eben zu einem geringen Konsensus und zur Anomie führen kann. Auf dieser Ebene der Staaten
hat auch *Etzioni* seine Typologie mit den Polen der übergesteuer-
ten und ungesteuerten Gesellschaft entworfen. Die Analyse der
Staaten ist wichtig, weil der Staat das Monopol der Rechtsprechung
besitzt und damit auch das der formalen Entscheidungen in der
Ehe und Scheidung.

Soziale Systeme und Scheidungen

Nach der für die Scheidungsproblematik relevanten These sollten
dann in den Staaten oder Kulturen mit mehr gemeinschaftlicher
Orientierung auch auf dem Gebiet der Familie, Ehe und Scheidung
wesentlich stärker informale Normen herrschen. Eventuell werden
diese Normen formal durch ein Rechtssystem gestützt, das die Interessen der Gemeinschaft (wie sie in der vereinheitlichenden Welt-

anschauung dargestellt werden) über die Interessen des Einzelnen stellt. Im Gegensatz dazu müßte man erwarten, daß in den liberalen Rechtsstaaten vor allem nach der Schwächung des kollektiven Wertsystems ein Ansteigen der die Anomie signalisierenden Indikatoren festzustellen ist. Somit wird also auch eine die Ehe und Scheidung betreffende Gesetzgebung liberaler, nach dem Prinzip, entscheidend sei das Wohl der Mehrheit, so daß das Rechtssystem nur das Spiegelbild der Wünsche und Vorstellungen der meisten Individuen darstelle.

Es wäre allerdings falsch, zu erwarten, daß in den meisten Gemeinschaften die Institution der Ehe stabil ist und Scheidungen selten erlaubt sind. Dies ist nur in denjenigen Staaten der Fall, in denen der katholische Einfluß noch sehr stark ist (z.B. Argentinien, Brasilien, Chile, Columbien, Irland, Liechtenstein, Malta, Spanien, Andorra, Portugal und bis unlängst Italien). In den Staaten, die unter der Renaissance des Islam stehen, gehen die Scheidungsraten zurück (z.B. Algerien und Ägypten). In vielen Gemeinschaften dagegen, in denen die Großfamilie eine wichtige Funktion hat, ist eine hohe Scheidungshäufigkeit erlaubt. Die Großfamilie kann nämlich viele Probleme der Scheidung abfangen, zum Beispiel die Vereinsamung, manche finanziellen und Wohnungsprobleme, sowie vor allem die weitere einheitliche Sozialisation der Kinder.

4 Traditionelle Kulturen mit häufigen Scheidungen

Mehrere Untersuchungen in Afrika haben gezeigt, daß rund 60% der afrikanischen Ureinwohner höhere Scheidungszahlen aufweisen als die USA (Radcliffe-Brown et *Forde* 1950). In manchen Verbänden waren acht von zehn Personen geschieden. Es scheint, daß auch die Gleichberechtigung der Geschlechter mit einer ökonomischen Unabhängigkeit der Frauen, gemessen zum Beispiel an der Möglichkeit, selbst Erbe eines Vermögens zu sein oder auch an ihren religiösen und politischen Aktivitäten, die Scheidungen erleichtert und die Scheidungsrate auch in traditionellen Gesellschaften erhöht (*Pearson* et *Hendrix* 1979). Auch in modernen Gesellschaften nimmt die Gleichberechtigung der Frau zu (gemessen an ihrem Anteil an den Universitäten oder an den Formen der Rechtsordnungen, die die Bürgerrechte, wie Scheidungen, fördern) und damit auch die Scheidungsrate (*Anderson* et *Treos* 1976).

Nach *Dubois* (1944) ist in der Bevölkerung von Alor die Hälfte der Männer und ein Drittel der Frauen geschieden. In vielen Kulturen sind Scheidungen häufiger, solange noch keine Kinder vorhanden sind (*Jenness,* zitiert nach *Goode* 1976). Ausführlich werden solche stabilen Systeme zum Beispiel bei den Eskimos (*Burch* 1970) beschrieben. Interessant ist das soziale System bei den Kanuri in Nordnigeria. Hier herrscht eine islamische Weltanschauung mit feudaler Schichtung und eindeutiger Vorherrschaft der Männer. Reiche Männer heiraten mehrmals, wobei besonders die Heirat mit einer jungen unberührten Frau statusfördernd ist, für die freilich auch ein hoher Kaufpreis aufzubringen ist. Eine Scheidung verläuft hier völlig problemlos. Auch die Frauen akzeptieren die Scheidung, weil sie in der Ehe ohnehin meistens den Status einer Sklavin einnehmen, während sie als Geschiedene wesentlich mehr Freiheiten genießen, auch im sexuellen Leben. Außerdem steht es ihnen frei, sich bald wieder zu verheiraten, wobei allerdings mit zunehmendem Alter ihr „Marktwert" immer mehr sinkt, so daß sie später nur noch für junge besitzlose Männer interessant sind. Frauen, die bereits Kinder geboren haben, stehen in höherem Ansehen, weil man erwartet, daß sie auch in Zukunft imstande sind, Kinder zu schenken. Die Scheidungen hinterlassen keine schweren Traumen, denn die emotionalen Beziehungen zwischen Mann und Frau sind meistens nicht sehr tief. In materieller Hinsicht wird die Zukunft der alten Frauen einigermaßen gesichert durch die hohe moralische Verpflichtung der Söhne, sich um das Wohl ihrer leiblichen Mütter zu kümmern.

5 Westliche Staaten

Westliche Staaten sind charakterisiert durch einen schwächeren Konsensus mit in Zweifel gestellten Weltanschauungen und Führerfiguren, mit uneinheitlicher Sozialisation, die vor allem durch Massenkommunikationsmittel ohne Zensur immer mehr beeinflußt wird. Die vorherrschende Kleinfamilie mit zwei Eltern und wenigen Kindern bildet meistens feste emotionale Bindungen, so daß bei ihrem Zerfall Traumatisierungen und Trennungsschmerz für die Geschiedenen wie auch für die Kinder mit Sozialisationsproblemen entstehen (zur Verkleinerung der Familie in der Bundesrepublik Deutschland siehe *Filser* 1978). Die Schwächung der Werte und Normen bringt ein höheres Ausmaß abweichenden Rollenverhaltens mit sich. Weil einige die neuen Verhaltensweisen akzeptieren, andere sie wiederum ablehnen, besteht keine Übereinstimmung mehr hinsichtlich der tatsächlichen rollenspezifischen Pflichten (*Goode* 1963). Demgegenüber wird auch das Scheidungsrecht liberalisiert und immer mehr auf das Zerrüttungsprinzip abgestellt, ohne nach moralischen Aspekten der scheiternden Ehe zu suchen. Als Reaktion auf diese Faktoren entstehen neue Subkulturen, mit einem alternativen Leben auch im ehelichen und Scheidungsbereich. Die Anomie äußert sich nicht nur durch steigende Scheidungs-, sondern auch durch Kriminalitäts-, Selbstmord-, Mobilitätsraten und andere Faktoren, die wir im nächsten Kapitel besprechen.

Es scheint so, daß es auf der einen Seite je nach Schwächung des Konsensus unter den Menschen zu einer Kulturmischung kommt mit Verminderung der gemeinsamen Werte und Normvorstellungen. Aus diesem Grund äußert sich auch die eheliche Anomie zum Teil in den steigenden Scheidungsraten. Auf der anderen Seite muß aber eine Gesellschaft mit hohem Konsensus, hoher Integrität durch ein einheitliches weltanschauliches Herrschafts-, Wert- und Normsystem nicht eindeutig durch niedrigere Scheidungsraten gekennzeichnet sein. Das führt dazu, daß manche Soziologen (zum Beispiel *Goode* oder *König*) eher die Vorstellung der momentanen ehelichen Krisensituationen ablehnen und mehr zu der Ansicht neigen, daß sich unsere Gesellschaft in einem Übergang von dem Typ mit niedrigeren Scheidungsraten zu dem Typ mit hohen Scheidungsraten befindet. Das entspräche den sich ändernden Funktionen der Familie (s. dazu auch *Roussel* auf Seite 88), die aber keinesfalls zu verschwinden droht, in unserer Gesellschaft. Diesen Standpunkt der Soziologen unterstützt die Tatsache, daß es ähnliche Perioden der Lösung ehelicher Verbundenheit in der Kulturgeschichte Europas wiederholt schon früher gegeben hat, so zum Beispiel in der zweiten Hälfte des 18. Jahrhunderts, während des Rokoko, der sogenannten galanten Zeit, und zur Zeit der Directoire. Die statistische Erfassung erfolgte allerdings erst seit rund 50 oder 60 Jahren (*Ungern-Stenberg* und *Schubnell* 1950).

Dagegen sehen manche Psychiater eher die negativen Folgen dieses Übergangs und weisen auf die schädliche Wirkung der momentanen Instabilität und der unsicheren Zukunft hin. Auf diese Diskrepanz hat schon *Ackermann* (1969) hingewiesen und die negativen Folgen der augenblicklichen Situation vieler Familien folgendermaßen beschrieben: Abnahme bis Fehlen gegenseitiger Unterstützung und Genugtuung; Konflikte, Rivalität, Feindschaftsgefühle mit gegenseitigen Verletzungen; Vereinsamung; Unfähigkeit, persönliche Unterschiede kreativ zu verarbeiten; fehlerhafte Verarbeitung der gemeinsamen Probleme mit Gefangensein in Teufelskreisen der Fehlreaktionen.

Scheidungen haben in unserer Gesellschaft oft deshalb negative Folgen, weil die Beziehungen zwischen den Ehepartnern und vor allem zwischen Eltern und Kindern stark emotional sind – als ideal wird die Ehe aus Liebe angesehen und in einer Kleinfamilie sind die Bindungen sowieso viel stärker und bieten keinen Ersatz nach dem Verlust einzelner Personen. In der Gesellschaft gibt es daneben kaum genauere Vorstellungen, wie das Leben der Geschiedenen aussehen soll, was sie selbst wie auch ihre Umgebung in ihrer Einstellung zu den Geschiedenen betrifft. Das Rechtssystem regelt oftmals formal die zukünftigen Kontakte, hauptsächlich zwischen Eltern und Kindern, was zwar manche Vorteile in der Verminderung zukünftiger Konflikte mit sich bringen kann, aber auch starre, unelastische Lösungen fördert.

Untersuchung der Anomie

Die empirische Untersuchung der Anomie leidet vor allem darunter, daß sich nicht alle Komponenten der Gesellschaften, und damit auch nicht alle Indikatoren der Anomie, gleichzeitig bewegen. Die Schwächung der Normen und Erwartungen im ökonomischen Bereich unterliegt viel häufigeren und schnelleren Schwankungen als die Schwächung von Verwandtschaftsbeziehungen und von anderen, mehr moralisch fixierten Gebieten. Die schnelleren Veränderungen der materiellen Kultur im Vergleich zur adaptiven Kultur hat *Ogburn* als „cultural lag" bezeichnet.

Die Beziehungen zwischen der Scheidungsrate und anderen Faktoren, vor allem Selbstmord- und anderen Morbiditätsraten, sind deshalb locker, weil hier jeder Bereich seine Eigenständigkeit besitzt und besonders die verschiedenen intervenierenden Faktoren, wie Religion, Urbanisierung, Status, Kinderzahl, Lebenserwartung und ähnliches, eine Rolle spielen. Deshalb ist auch die Operationalisierung des Konstruktes Anomie in verschiedenen Arbeiten uneinheitlich und zum Teil nur nach Ergebnissen eigener Untersuchungen konstruiert. Trotzdem betreffen alle diese verschiedenartigen Untersuchungen mehr oder weniger den inhaltlichen Kern dieser Grundvorstellung.

Im folgenden bringen wir Ergebnisse der ökologischen Querschnittstudien, wie auch einige longitudinale Analysen, die vor allem auf die Beziehungen der Scheidungsraten oder den Anteil der Geschiedenen an den Selbstmorden, eventuell auch der psychiatrischen Morbidität und einigen anderen sozialen Indikatoren konzentriert sind. Leider begrenzen sich diese Studien, soweit uns bekannt, mehr auf die westlichen, eher anomischen Verhältnisse (was allerdings logisch ist, da sich diese Systeme eher einer kritischen wissenschaftlichen Analyse unterziehen).

X   Ökologische Studien

1 Zur ökologischen Methode

Ökologisch-epidemiologische Studien versuchen „den Zusammen-
hang zwischen geographisch definierbaren Umweltvariablen, den
sogenannten Gebietsmerkmalen", und abhängigen Variablen (die
zu erklären sind), zu untersuchen (*Häfner* 1978). Das Ideal, das
jedoch nur ganz selten erreicht wird, bleibt, „mit Hilfe demokra-
tischer und sozialer Merkmale konsistente und homogene Gebietseinheiten zu gewinnen" (*Moschel* 1978).

Aus praktischen Erwägungen der Durchführbarkeit stützen sich
die meisten Studien auf administrative Gebietseinheiten, die als Einheiten auf kollektiver Ebene, d.h. Aggregate, behandelt werden.
Bahnbrechend war hier die Arbeit der soziologischen Schule in
Chicago (*Park, Burgess* et *McKenzie* 1925), die auf die durch
die Statussegregation der Bevölkerung, d.h. durch die Tendenz, jeweils „statusangemessene" Wohngebiete vorzuziehen, entstandenen
„Naturgebiete" hingewiesen haben. Dabei kommt es zur „Nekroti-
sierung" der Stadtzentren mit Anhäufung der sozial negativen
Merkmale. Auf Grund dieser Untersuchungen haben dann *Faris*
und *Dunham* (1939) eine überhöhte Rate an Schizophrenie besonders im Stadtzentrum gefunden. Offen blieb allerdings, ob dieses Ergebnis eher durch einen verursachenden Einfluß dieses sozialen Milieus auf die Entstehung der Schizophrenie oder ob es
durch ein soziales Absinken und Mobilität in diese Bezirke der
vorgezeichneten Individuen, wie es *Dunham* und andere vertreten,
zu erklären ist. Diese Segregationseffekte in den Großstädten sind
allerdings in Europa weniger anzutreffen und außerdem kommt
es heutzutage zu einer Gegensteuerung der Planer, die die Stadtzentren retten wollen.

Als Untersuchungsobjekte wurden meistens Großstädte, manchmal allerdings auch einzelne Staaten, in den Vereinigten Staaten
ausgewählt. Zum Beispiel liegt in den USA eine höhere Scheidungsrate vor allem in den westlichen Staaten vor, besonders in Staaten
mit größerer sozialer Mobilität und einer kleineren Anzahl von Emigranten aus anderen Ländern, mit einem geringeren Anteil von Katholiken und stärkeren individualistischen Einstellungen (*Pang* et
Hanson 1968, *Fenelon* 1971).

Trotz der erwähnten Mängel des ökologischen Zugriffes bringen solche Studien doch einige interessante Ergebnisse. Allerdings
muß man den „ökologen Fehlschluß" vermeiden, daß man die

Ergebnisse auf dieser kollektiven Ebene auf die betroffenen Individuen mechanisch überträgt.

2 Indikatoren der Scheidungsproblematik

Bei den ökologischen Studien wurde meistens als Variable der Anteil der Geschiedenen in bestimmten Gebieten benutzt, weil er
leichter eruierbar ist als die Rate der Scheidungen nach dem ursprünglichen Wohngebiet der Familie. Der Anteil der Geschiedenen
als Variable hat bestimmte Nachteile, weil er auch zum Teil die
Selektion widerspiegelt, die durch die Umzüge nach der Scheidung
in Gebiete, wo man leichter oder lieber allein wohnt, eine Rolle
spielt. Diese Selektion erscheint wichtiger bei den ökologischen
Analysen einzelner Stadtgebiete als beim Vergleich mehrerer Städte
untereinander. Als gesundheitlich abhängige Variable, die den Zu-
sammenhang mit den Scheidungen als eheliche Anomie aufzeigt,
werden viel häufiger Selbstmordraten gemessen als die psychiatrische Morbidität im allgemeinen oder als einzelne Krankheiten,
weil die Suizidraten leichter zu eruieren sind und sich in den
meisten Fällen auch etwas genauer, reliable (wenn auch nicht
ideal) zeigen. Es fehlen fast komplett Studien, die zugleich eine
ökologische und eine individuelle Analyse der Daten durchführen.
Das Problem besteht hier wieder in der Durchführbarkeit, weil
Selbstmorde und psychische Erkrankungen eine relativ geringe
Häufigkeit aufweisen, so daß sich verläßliche ökologische Studien
auf größere Gebiete beziehen sollten, über die wiederum die individuellen Daten meistens fehlen.

3 Beziehung zu Suizidraten

Die ersten wichtigen Studien über die ökologische Verteilung der
Selbstmorde wurden in Chicago durchgeführt. Nach *Ruth Cavan*
(1928) hat dann *Maris* (1969) interessante Ergebnisse vorgelegt.
Er hat die erhöhten Selbstmordraten vor allem in zwei unterschiedlichen Gebieten gefunden. Eines war das Gebiet mit schlechten sozialen Verhältnissen, das andere aber eine Region, in der relativ
reiche Leute wohnen mit niedriger Arbeitslosigkeit, geringem Aus-
länderanteil, vorwiegend von Weißen bewohnt, jedoch mit einem
höheren Anteil von älterer Bevölkerung und hoher Mobilität. In
einer weiteren Studie in London fand *Sainsbury* (1955) eine ähnliche Stabilität der hohen Selbstmordraten in bestimmten Gebieten
wie in Chicago. Die Selbstmordraten korrelierten signifikant mit

der sozialen Isolation, gemessen an der Zahl der Personen, die allein oder in Mietshäusern lebten, mit sozialer Mobilität, in Relation mit der Bevölkerungsziffer und der Emigranten und bei sozialer Desorganisation, gemessen an der Zahl der Scheidungen und der unehelichen Kinder. *McCulloch* und Mitarbeiter (1967) fanden in Edinburgh positive Korrelationen zwischen dem Selbstmord und jugendlicher Delinquenz, Überbevölkerung, Grausamkeit gegenüber Kindern, Anteil der Geschiedenen und Anzahl der Selbstmordversuche. Eine Wiederholung dieser Arbeit in Buffalo (*Lester* 1970) konnte diese Ergebnisse nicht reproduzieren. Dort fand sich eine signifikante Korrelation lediglich zwischen dem Selbstmord und dem Anteil älterer Menschen, Verwitweter, Geschiedener und der Rate der Personen mit einer Hochschulausbildung. Diesen offensichtlichen Widerspruch hat *McCulloch* mit seinen Mitarbeitern (1967) durch eine Annahme zweier verschiedener Gebiete mit hohen Selbstmordraten erklärt: Gebiete mit älterer alleinlebender Bevölkerung, mit einem hohen Anteil von Geschiedenen und Verwitweten und dann Gebiete mit großer Wohndichte, Überbevölkerung und Jugenddelinquenz. Auch in Mannheim (*Moschel* et al. (1978) ließ sich die hohe Korrelation zwischen dem Anteil der Geschiedenen und der Selbstmordrate in verschiedenen Stadtgebieten reproduzieren. Der Anteil der Geschiedenen entsprach dabei in hohem Maße den übrigen Indikatoren einer sozialen Isolierung, wie dem Anteil der weiblichen Einpersonenhaushalte und der älteren Bevölkerung. *Whitlock* (1973a) hat die Studie über London mit ähnlichen Ergebnissen wiederholt. Daneben fand er, daß der Anteil der Geschiedenen (wie die meisten anderen Variablen) mit der Selbstmordrate der jüngeren Personen bis zum 65. Lebensjahr, aber nicht mit den älteren Suizidanten in Übereinstimmung zu bringen ist. Auch er hält die soziale Isolierung für eine mögliche Erklärung dieser Untersuchungsergebnisse.

Bei der Analyse der englischen und der wallisischen Bezirke (County boroughs) hat derselbe Autor (1973b) bestätigt, daß der Anteil der Geschiedenen mit der Selbstmordrate vor allem der jüngeren Frauen korreliert. Die Selbstmordrate der Männer, so meint er, hängt mit dem hohen Alter der Bevölkerung, das heißt auch mit dem Anteil der Verwitweten, und mit Tötungsdelikten zusammen. Die Zahl der Geschiedenen stand eher in Verbindung mit der sozialen Ober- und der oberen Mittelschicht. Der Autor vermutet, daß hier in den gutsituierten Schichten der ökonomische Druck der Wiederverheiratung nach dem Scheitern der Ehe nicht so groß ist. In den Stadtbezirken war die Selbstmordrate hoch, besonders in Verbindung mit einem ökonomischen Verfall. Die Selbstmordrate der Frauen korrelierte mit dem Anteil der Geschie-

denen und Verwitweten, also der Alleinstehenden, die nur noch
selten Kinder bis zum 15. Lebensjahr zu versorgen hatten.

Mit einer Pfadanalyse hat *de Grove* (1977) im Hinblick auf die
Selbstmordraten als abhängige Variable in 24 Florida-Bezirken den
Einfluß von Alterszusammensetzung, den Anteil der Geschiedenen
und der Getrennt- oder Alleinlebenden, des Alkoholismus' (gemessen an der Anzahl der Verstorbenen mit Alkoholpsychose, Alkoholismus oder alkoholischer Zirrhose) und psychischer Krankheiten
(gemessen an der Aufnahmerate in psychiatrische Staatskranken-
häuser) kontrolliert. Das Alter hat fast eine doppelt so große Rolle
gespielt wie die Scheidung. Wenn Scheidung und Alter standardi-
siert wurden, zeigten sich Einsamkeit und psychische Krankheit
als wichtige Faktoren. Das Problem dieser Untersuchungen ist wie
bei anderen auch die hohe Interkollinearität, eine große Redun-
danz, zwischen den Faktoren. Bei der Pfadanalyse wurde die Wirkung des Alters auf die Einsamkeit und die psychische Morbidität
signifikant gefunden, allerdings üben diese Faktoren ähnlich wie
das Alter und die Kriminalität selbständig einen signifikanten Einfluß auf die Selbstmordrate aus.

4 Beziehung zur psychiatrischen Morbidität

Die Arbeiten, die die Abhängigkeit der psychischen Krankheiten
von ökologischen Verhältnissen untersuchen, stützen sich meistens
leider nur auf die Aufnahmeraten hospitalisierter und ambulanter
Kranken. Wir wissen aber, daß das Hilfesuchverhalten der Betroffenen weitgehend von den soziokulturellen kollektiven Faktoren
abhängig ist. Es ist auch entscheidend, ob man in diesen Zensus
der psychisch Kranken auch private psychiatrische Einrichtungen
einbezieht. So ist die erste Studie von *Farris* und *Dunham* (1939)
sowie ihre Fortsetzung von *Levy* und *Rowitz* (1973) in Chicago
durch diese Selektionsfaktoren beeinflußt. Letztere Studie wies
auf eine höhere psychiatrische Morbiditätsrate in Bezirken mit
weniger Verheirateten, d.h. überwiegend Ledigen, Getrenntlebenden, Geschiedenen und Verwitweten, verbunden mit höherer Jugenddelinquenz und Geburten unehelicher Kinder, hin. Eine niedrigere Anfälligkeit fanden sie in Bezirken mit mehrheitlich weißer
unterer Mittelschicht der „blauen-Kragen-(blue collar)-Arbeiter",
bei denen die sozialen Probleme als minimal erschienen.

Bei einer Untersuchung der räumlichen Erkrankungsrate an Depressionen in Plymouth haben *Dean* und *James* (1980) bei reakti-
ven und neurotischen Erkrankungen eine hohe Korrelation zu Gebieten mit erhöhtem Anteil an Nichtverheirateten (Ledigen, Ver-

witweten und Geschiedenen) besonders des männlichen Geschlechts
auf die Erkrankungen von Männern nachgewiesen. Neben dem direkten Einfluß des Familienstandes auf das Erkrankungsrisiko denken sie an eine mögliche Selektion des Hilfesuchverhaltens, der
Diagnostizierungsprozesse in Verbindung mit sozialem Status und
eventuell auch eine Selektion durch sozialen Abstieg (urban drift).

Bloom (1975) konnte eine Analyse der behandelten psychiatrischen Erkrankungen sowohl auf der individuellen als auch auf der
ökologischen Ebene durchführen. Eheliche Trennung durch Tod,
Scheidung oder dauerndes Getrenntleben war einer der wichtigsten
Indikatoren für eine psychiatrische Erkrankung, vor allem auf der
individuellen Ebene. Bei der ökologischen Analyse zeigte sich, daß
in den Gebieten mit einem erhöhten Anteil von Verwitweten, Geschiedenen und Getrenntlebenden viel häufiger Personen mit diesen Merkmalen vor allem rehospitalisiert werden mußten als in Gebieten, in denen der Anteil der Verheirateten überwiegt. Der Anteil der Verwitweten, Geschiedenen und Getrenntlebenden hatte
auch einen gewissen Einfluß auf die höhere Morbidität der Verheirateten, obwohl der Unterschied nicht so groß war. Die verwitweten, geschiedenen und getrennt lebenden Männer wiesen ein ver-
stärktes Risiko für eine Hospitalisierung auf, im Gegensatz zu den
Frauen. Dies erklärt der Autor vor allem damit, daß die Männer
häufiger von den Kindern getrennt werden als die Frauen und daß
ebenfalls sie es sind, die nach einem Scheitern der Ehe in der Regel einen Wohnungswechsel vornehmen müssen.

Jones und *Demaree* (1975) untersuchten die sozialen Faktoren
der Bevölkerung in einem Teil von Texas mit Cluster-Analyse. Als
wichtigste Unterschiedsmerkmale fanden sie heraus, daß die Indikatoren der „zerrissenen Familien" im Gegensatz zu denen der
„intakten" häufiger mit den am meisten auftretenden sozialen Problemen, (nämlich hohe Raten von psychiatrisch Behandelten und
geistig Behinderten, ein vermehrtes Auftreten venerischer Erkrankungen, eine vermehrte Kindersterblichkeit und eine größere Anzahl von Verhaftungen), korrelierten.

5 Anomie als ein wichtiger Faktor

Diese Ergebnisse zeigen, daß verschiedene Faktoren der sozialen
Desintegration auf kollektiver Ebene eine Wirkung auf die Selbstmordrate und die psychiatrische Morbiditätsrate aufzeigen. Unter
den häufigsten und stärksten Variablen war der Anteil der Geschiedenen festzustellen. Dies gilt vor allem bei den Untersuchungen
auf größeren Gebieten; in den kleineren Bezirken spielt die von

der ökologischen Betrachtung zufällige, d.h. individuelle Komplexität eine größere Rolle. Geschiedene Personen stellen zwar eindeutig ein höheres Risiko für den Selbstmord und psychiatrische Erkrankungen dar, der höhere Anteil der Geschiedenen äußert sich jedoch in einem Gebiet als ein Indikator der Anomie auch in Selbstmord- und Krankheitsgefahr der Verheirateten (wenn auch dieser Einfluß nicht direkt sein muß, wie die longitudinalen Studien zeigen).

6 Verlaufsuntersuchungen (sozialer Wandel)

Es gibt leider sehr wenige longitudinale Studien (wie überhaupt in den soziologischen empirischen Arbeiten) über die Veränderungen der Scheidungshäufigkeit und anderer sozialer Faktoren. Sie wären desto wichtiger, als wir uns in einem schnellen sozialen Wandel befinden. Eine solche longitudinale Analyse der Suizidraten in Abhängigkeit von Scheidungs- und Arbeitslosenraten aus den Vereinigten Staaten im Jahr 1920 bis 1960 haben *Vigderhous* und *Fishman* (1978) gebracht.

Familiendesintegration, gemessen an dem Verhältnis der Scheidungen zu Ehen, erwies sich als kein signifikanter Prädiktor der männlichen und weiblichen Suizidraten. Die Korrelation zwischen den Ehen, Scheidungen und Suizidraten war relativ klein. Dagegen zeigte sich die Arbeitslosigkeit als ein guter Prädiktor für die Voraussage von Suizidraten, allerdings wesentlich mehr in der Zeit der großen wirtschaftlichen Krise nach dem Jahr 1929 als nach dem zweiten Weltkrieg.

Auch die longitudinale Analyse der Selbstmord- und Scheidungsraten in der Bundesrepublik nach dem zweiten Weltkrieg zeigt deutliche selbständige Entwicklungen. Während die Selbstmordrate relativ konstant geblieben ist (sie bewegte sich um 20 Selbstmorde pro 100.000 Einwohner im Jahr), waren die Scheidungen nach dem zweiten Weltkrieg sehr häufig (170 auf 100.000 Einwohner) mit einem folgenden raschen Absinken auf 88 im Jahr 1961 und einem dann wieder einsetzenden beständigen Ansteigen bis zu 176 im Jahr 1976, dem letzten Jahr vor dem neuen Scheidungsgesetz. Danach ist die Scheidungsrate 1978 bis auf 53 abgesunken; in den letzten Jahren steigt sie jedoch wieder sprunghaft an.

XI   Der soziale Wandel — ein historisches Modell

Wie sehr die gesamte Eheproblematik in den letzten Jahrzehnten
in den meisten Staaten in Bewegung geraten ist, lassen die Scheidungsraten deutlich erkennen. Die Zustandsbeschreibungen und
Querschnittsanalysen, die vor zwanzig bis vierzig Jahren durchgeführt wurden, beweisen eindeutig, wie sehr sich die Verhältnisse
seither verändert haben. Aus diesem Grunde scheint auch — für
ein besseres Verständnis der heutigen Verhältnisse, eventuell auch
für vorsichtige Voraussagen bezüglich der weiteren Entwicklung —
der dynamische Aspekt des sozialen Wandels außerordentlich wichtig zu sein, auch wenn er viel schwieriger zu erfassen ist als die
ahistorische augenblickliche Problematik. Da der soziale Wandel
sehr komplex ist und vorausgesetzt werden kann, daß einzelne
historische Veränderungen sich kaum wiederholen, bietet sich
schon aus methodischen Gründen der Versuch einer Beschreibung
der langzeitlichen Veränderungen an. (Bei komplexen Bedingungen sind in einzelnen Bereichen langzeitliche Veränderungen ganz
deutlich festzustellen, wie zum Beispiel wirtschaftliche Schwankungen zwischen Rezession und Konjunktur, während die kurzfristige
konkrete Voraussage immer noch sehr unzuverlässig bleibt.) Deshalb ist uns daran gelegen, ein Modell des historischen Wandels
und seine möglichen Einwirkungen auf die Eheproblematik zu
beschreiben.

Es besteht immerhin die Möglichkeit, den sozialen Wandel in
seiner Komplexität wenigstens analytisch in zwei Komponenten
aufzuteilen, und zwar auf einen mehr oder weniger akkumulativ
verlaufenden Modernisierungsprozeß mit Anhäufung unserer Kenntnisse und Steigerung der Produktivität auf der einen Seite und
Schwankungen in den Werteinstellungen der Menschen, wie zum
Beispiel zwischen einer stärkeren Ich- bzw. Kollektivorientiertheit,
auf der anderen Seite.

Ganz klar zu erkennen sind diese zwei Komponenten an der
Einstellung eines Teils der jungen Generation, der den sozialen
Wandel des technischen Wachstums der Produktion dadurch brem-
sen will, daß ein Wandel in der Werteinstellung der Bevölkerung
angestrebt wird.

Wenn man die technische Fortentwicklung der Menschheit betrachtet, so fällt auf, daß sie sich sowohl im Laufe der Geschichte
(lange Zeiträume mit niedriger Produktionsweise werden von verschiedenen Beschleunigungen und dann wieder Stagnation abgelöst)
als auch geographisch sehr ungleichmäßig entwickelt (wobei man-

che Kulturen bis in unsere Zeit auf dem Steinzeitniveau verharren).
Auf der Suche nach Faktoren, die die Produktionsweise und andere sozialen Charakteristika beeinflussen, bieten sich vor allem die
geographisch-klimatischen Bedingungen an. Es ist trivial zu zeigen,
daß die Menschen in Tropengebieten andere Produktionsweisen als
in kalten nördlichen Ländern und wiederum andere an der Küste
als in den Steppen und Wüstenregionen entwickelt haben.

Wenn man diese geographisch-klimatischen Faktoren im sozialen
Wandel betrachtet, kann man ihren Einfluß in drei wichtige Stufen
dieser technischen Fortentwicklung beobachten.

Die Hochkulturen, die zwischen dem sechsten und zweiten Jahr-
tausend vor Christi entstanden sind, entwickelten sich alle in Fluß-
ebenen, die an ein Wüstengebiet grenzten: in Ägypten, in Mesopo-
tamien, am Indus in Indien und Huangho in China. Die Erklärung
hierfür ist einfach und überzeugend: Auf die der letzten Eiszeit folgenden Erwärmung, aber auch Vertrocknung der Erde entstanden
Wüsten, die Menschen und Tiere in die noch feuchten, räumlich
allerdings auch begrenzten Gebiete verdrängten. Dabei mußte der
Mensch lernen, den Wasserhaushalt der Erde zu beherrschen, indem
er den Flußläufen folgte.

Dies führte dann zu der Entwicklung einer neuen politischen
Organisation in Form von Staaten mit einheitlicher Führung und
Arbeitsteilung und zu Spannungen zwischen den reichen Zentren
und den armen Wüstenrandgebieten, mit Eroberungen und Rücker-
oberungen und ethnischer Überlagerung.

Eine weitere wichtige Stufe im sozialen Wandel haben die Griechen und später die Europäer nach dem Mittelalter erreicht. Sowohl Griechenland als auch Europa als Ganzes sind einzigartig geographisch gegliedert, nicht nur durch Gebirge, sondern auch durch
sehr lange Küstenstreifen, die einen guten Zugang zum Meer ge-
währen.

Daraus resultierte dann, daß sich in Griechenland (wie später
auch in ganz Europa) die konkurrierenden kleinen Staaten nicht
so schnell zu einem einzigen großen Reich zusammenschlossen,
sondern zu überseeischer Expansion mit Gründung von Kolonien
tendierten. Damit ging gleichzeitig eine Vermischung der Kulturen,
aber auch die Schwächung eines einheitlichen moralischen Norm-
und Wertsystems sowie die Stärkung des kritischen bzw. skeptischen Denkens und des Individualismus' einher.

Die fortschreitende Industrialisierung hat ganz sicher eine starke
Beschleunigung des sozialen Wandels bewirkt. Auch bei diesem Prozeß sind die geographischen Einflüsse unübersehbar: Alle klimatisch
gemäßigteren Länder wurden von dem industriellen Fortschritt
stärker erfaßt als die extrem warmen Gebiete. Zum Teil hatte dies

seine Ursache in der historischen Entwicklung der Industrialisierung im nordwestlichen Europa und direkt durch die Auswanderung vieler Menschen aus diesen Gebieten in andere kältere Erdteile (wie Nordamerika, Australien, zum Teil Südafrika und Südamerika). Es besteht allerdings auch ein Grund zu der Annahme, daß nicht nur der Faktor der „embolischen" Übertragung der industrialisierten „Aussaatkultur" in die kälteren Teile der Welt im Spiel war. Eines der Argumente für die direkte klimatisch beeinflußte Verteilung des Industrialisierungsprozesses kann man darin sehen, daß zum Beispiel Japan und Nordchina in diesen Vorgang einbezogen wurden. Auch innerhalb einzelner Staaten (beispielsweise Italien, Spanien, Portugal, Jugoslawien, bereits noch früher auch in den Vereinigten Staaten und China, aber auch in Australien und Brasilien) hat sich, klimatisch bedingt, die Industrialisierung in den kälteren Teilen stärker entwickelt. Die Erklärung scheint auch hier überzeugend zu sein: Wenn sich im alten Europa nach dem Mittelalter die Produktivität langsam erhöhte und auch die Länder nördlich der Alpen sich anpaßten, traf sie in diesen Regionen auf die mehr durch die harten Winter geprägte asketische, arbeitsame und sparsame, die Vorräte anhäufende Bevölkerung mit einer protestantisch-puritanischen Moral. Dies führte dazu, daß sich hier im Zuge einer Erhöhung der Produktivität die Arbeitsamkeit und Sparsamkeit in einer Anhäufung der Waren und bei regem Handel in einer Kapitalakkumulation durchgesetzt hat.

Hier sehen wir, analog zum Bevölkerungswachstum, daß sich spezielle Kenntnisse viel schneller verbreiten als eine Veränderung der Einstellungen: die Kenntnisse darüber, wie mehr produziert oder die Kindersterblichkeit herabgesetzt werden kann, entwickeln sich beträchtlich schneller als Einstellungen, die die Sparsamkeit und Arbeitsamkeit bzw. die Bewertung des Kinderreichtums betreffen. Dieses Wachstum sowohl der Bevölkerung als auch der Produktion kann sich in einem besonders günstigen Fall einer S-Kurve angleichen, wenn sich zum Beispiel die Einstellung bezüglich einer geringeren Kinderzahl an die niedrigere Kindersterblichkeit anpaßt oder die Sparsamkeit und Arbeitsamkeit bei den hohen Produktivität etwas (wenn auch nicht zuviel) nachläßt. Diese verspätete Entwicklung einer adaptiven Kultur (Werthaltungen, Rollenerwartungen etc.) gegenüber der materiellen Kultur (Kenntnisse, Technologie etc.) hat *Ogburn* (1957) als „cultural lag" bezeichnet.

Im Rahmen dieses Modernisierungsprozesses kam es zu folgenden Veränderungen: Erweiterung unseres Kenntnisstandes, Steigerung der Produktivität mit großer Spezialisierung und Arbeitsteilung, Schwächung der Verwandtschafts- und Stärkung der Organisationssysteme mit erhöhter Bürokratisierung, Bevölkerungszuwachs, steigende Mobilität mit Zunahme der kulturellen Diffusion und damit eine Entwicklung von universalen wirtschaftlich-rechtlichen und ideologischen Systemen. Die Schwächung der Verwandtschaftssysteme zeigt sich in der Abkehr von Großfamilie, Clan, Stamm, also der Kinship, aber auch darin, daß mancherlei Funktionen der Kernfamilie, wie die Ausbildung der Kinder, Hilfe bei der Erkrankung eines Familienmitgliedes und manches andere zum Teil vom Staat übernommen werden. Die Kollektivorientiertheit mit Wir-Gefühlen, die überpersönliche Ziele anbieten und zur Opferbereitschaft der Menschen erziehen, ist immer weniger von diesen Verwandtschaftssystemen abhängig; entweder fehlen solche Bezüge überhaupt oder sie werden nur in nationalen oder ideologischen Bewegungen gesättigt. Diese schwächeren Wir-Gefühle in der Familie mit meistens auch größerer Ich-Bezogenheit und Selbstdurchsetzungstendenzen, wie auch die weniger festen Normen und Rollen in der Familie, die früher auch bei manchen Entgleisungen festgehalten haben, führen zu häufigeren Zerrüttungen der Ehe und nachfolgenden Trennungen.

Die Entwicklung des Menschen verläuft ausgesprochen unausgewogen: biologisch hat sich der homo sapiens nicht besonders verändert, dagegen jedoch sehr im psychosozialen Bereich. Hierbei sind die Affektreaktionen, wie Zorn, Freude, Angst, beim Menschen gleichgeblieben, ohne daß es möglich ist, sie auszuleben; seine Rationalität dagegen änderte sich sehr. Auch auf dem Gebiet der rationalen Erkenntnisse erleben wir in den Grundwissenschaften, wie Physik und Chemie, wesentlich schnellere Fortschritte als in den komplexen Wissenschaften vom Menschen und der Gesellschaft.

Kurz möchten wir noch auf die wellenartigen Veränderungen der Werteinstellungen eingehen, die in der westlichen Kultur zu beobachten sind. Durch die oben erwähnte geographische Einzigartigkeit von Griechenland und Europa entwickelten sich Individualismus, Ich-Bezogenheit, kritisches bzw. skeptisches Denken, mit einem Aufstieg der Kunst, der Philosophie, der Wissenschaft und später der Technik. Als Reaktion darauf folgt die Verbreitung einer vereinheitlichenden Weltanschauung mit moralischen Geboten, die den Menschen zu mehr Kollektivorientiertheit, Opferbereitschaft erzieht und zur Minderung der sozialen, nationalistischen, rassistischen und Klassen-Spannungen führt. Die erste Bewegung kann man in der Antike von Griechenland bis Rom und später in Europa nach dem Mittelalter beobachten, die Gegenbewegung dagegen beim Einzug des Christentums, während heute vielleicht die marxistische Weltanschauung am ehesten diese Rolle übernimmt. Diese weltanschaulichen Bewegungen sind zwar im Inhalt grundsätzlich verschieden, haben aber einige gemeinsame psychosozialen Züge (zum Beispiel die Berufung auf ein Bekenntnis zu grundlegenden Büchern, die Verehrung des Führers einer Bewegung, die Gründung der ideologischen Organisation wie Kirche oder Partei, die streng hierarchisch aufgebaut ist und die sich um die absolute monopolistische Macht bemüht usw.). Diese Bewegungen sind vor allem in der ersten Phase sozial utopisch eingestellt, später bauen sie ein festes System auf mit gut durch die Ideologie legitimierter gerechtfertigter Macht. Den Menschen gibt diese Weltanschauung Ziele, die das individuelle Leben überdauern, meistens in einem drei-phasigen Schema über die ,,unschuldige" Vergangenheit, Versündigung und Entfremdung der Gegenwart und die endgültige Lösung der Konflikte mit paradiesischen Zuständen in der Zukunft. Dabei erhöht sich eindeutig die Solidarität unter den Mitgliedern; allerdings kommt es dabei fast zwangsläufig zu einer Verstärkung der Feindschaft gegenüber den Kritikern und Abweichlern und zu einer Abschirmung der Weltanschauung durch Zensur und eine verminderte Mobilität. Dies führt dann zu Spaltungen der Bewegung mit gegenseitigen Beschuldigungen, daß der Gegner die richtige Lehre verraten hat.

Während im Westen auf Grund der Ich-Bezogenheit und der anomischen sozialen Verhältnisse Scheidungsraten im allgemeinen wachsen, wird in den marxistischen Ländern nach der anfänglich utopisch-anarchistischen Phase das Bestreben deutlich, im Rahmen festerer Normen und Werte auch das Familiensystem zu stärken, das freilich den gesamtgesellschaftlichen Bedürfnissen der Bewegung untergeordnet bleiben muß und deshalb auch die Loyalität zu der weltanschaulichen Bewegung die Familienloyalität überwiegen soll.

XII   Sozialer Wandel und Ehe

Teils autonome, teils kulturabhängige Entwicklung

Bei der Betrachtung, wie der soziale Wandel sich auf die Ehe aus-
wirkt, muß man berücksichtigen, daß jedes Gebiet nur zum Teil
die gesamtgesellschaftlichen Veränderungen aufzeigt und zum anderen Teil eine eigene, selbständige Problematik darstellt. Außerdem ändern sich im Laufe der Zeit die informalen Beziehungen
kontinuierlicher als die formalen, legalen Beziehungen, die die
tatsächlichen Verhältnisse widerspiegeln und die gegebenenfalls
den Bedürfnissen entsprechend gewechselt werden.

1 Ehe in den traditionellen Kulturen

Über die Gepflogenheiten in früheren Kulturen haben wir relativ
wenig genaue Berichte. Es herrschten dort wohl recht unterschiedliche Verhältnisse (ähnlich wie in den noch traditionellen Kulturen
heute), vor allem dann, wenn sie entweder patriarchalisch oder ma-
triarchalisch aufgebaut waren. *König* (1974) schreibt, daß bei den
extrem patriarchalischen Völkern in der Antike die Scheidung fast
unmöglich war; sie bestand dort vor allem als ,,Verstoßung''. Auch
bei den alten Chinesen und Hindu war sie selten. Dies sei leicht
verständlich, weil die religiösen Kräfte, die das Eheband sanktio-
nieren, einen umgekehrten Ritus hätten vollziehen müssen, um dieses Band zu trennen und dies beschwor regelmäßig gefährliche
Mächte und wurde darum lieber vermieden. Es scheint, daß die geschlechtliche Gleichberechtigung mit ökonomischer Unabhängigkeit
der Frauen, gemessen zum Beispiel an der Möglichkeit, das Eigen-
tum zu ererben oder an ihren religiösen und politischen Aktivitäten,
die Scheidungen erleichtert und die Scheidungsrate auch in traditionellen Gesellschaften erhöht (*Pearson* et *Hendrix* 1979).

2 Ehe in der Antike

Über die Griechen und Römer führt das ,,Kleine Lexikon der Antike'' (*Hiltbrunner* 1974) aus: Bei Homer und in den Göttermythen
sind noch ältere Eheformen erkennbar. In der Illias haben zum Beispiel die Helden außer der einen, rechtmäßigen Gemahlin noch Ne-
benfrauen. Der Freier brachte dem Brautvater Geschenke (frühere

Sitte des Brautkaufes). Die alte Form der Raubehe kommt noch in
vielen Brautraubsagen vor. In Athen wurde eine Ehe durch den Ab-
schluß eines Vertrages zwischen dem über die Braut Verfügungsbe-
rechtigten und dem Bräutigam oder seinem Vater begründet. Vor
allem wurde die Mitgift festgesetzt und deren Rückgabe bei Scheidung oder Tod vereinbart. Die Brautleute selbst sahen sich vor der
Ehe kaum. Die verheiratete Frau lebte zurückgezogen im Frauenge-
mach und zeigte sich nie in der Öffentlichkeit.

Das römische Recht unterschied zwischen Ehen, in denen die
Frau aus der elterlichen Gewalt des Hausvaters in die Gewalt des
Ehemannes als Hausmutter überging und Ehen, in denen sie rechtlich in der Gewalt des Vaters verblieb und nur Uxor (Gattin) und
nicht Magd der Familie ihres Mannes wurde. Hier besaß die Frau
größere gesellschaftliche Freiheit als in Griechenland. Jetzt wurden
Ehebruch und Scheidung alltäglich. Die Scheidung erfolgte im gegenseitigen Einverständnis oder durch einseitige Erklärung; die Mitgift mußte der nichtschuldigen Frau herausgegeben werden. Es ist
nicht belegt, aber plausibel, daß die überseeische Expansion der
Griechen mit Gründung der Kolonien eher die Schwächung der
,,Kinship" und der Großfamilie bedeutete und diese auch viele
informalen Scheidungen durch Verschwinden des Ehemannes in
neue Länder mit sich brachte. Die Schwächung der Normen mit
der Kulturmischung im kaiserlichen Rom inclusive der Familie beschreibt auch König: ,,Auch im alten Israel zu Zeiten Christi wie
im kaiserlichen Rom waren Scheidungen eine Massenerscheinung.
Im letzteren Fall wurde dies durch Verbreitung der Usus-Ehe bestimmt, welche die alte, religiös eingegangene Ehe abgelöst hatte
und deren Scheidungsrecht schließlich auch auf die religiös eingegangene Ehe übertragen wurde. So wurde einverständliche Scheidung zu einer Massenerscheinung." Zu den vom Recht geordneten
Einrichtungen gehörte die Ehe auf Zeit. Verderblicher fast noch
war das gleichfalls vom Recht geregelte Konkubinat.

3 Ehe im Mittelalter

Das Christentum kehrte zur religiös sanktionierten Ehe mit patriarchalischen Verhältnissen zurück, die die Legitimität der Nach-
folge sicherte. Sie betonte die Dauermonogamie und Aufrechterhaltung des Verbots der Wiederverheiratung. Eine Ehe konnte nur
annulliert oder getrennt werden, ohne Auflösung des Ehebandes.
Wichtiger aber ist, daß jetzt zum erstenmal die Ehe als Dauermonogamie nicht mehr nur als überliefertes Faktum hingenommen
wird, sondern als ein ,,Ideal", die Gattenfamilie, die begrifflich

bald nicht mehr nur als Idealtyp im Sinne von Max Weber, sondern geradezu als „Ideologie" erscheint (*König* 1974). Bald aber schon wurde der Konflikt zwischen der Ideologie und dem realen Aufbau der Gesellschaft offensichtlich, auch als Konflikt zwischen dem „kodizierten Recht und der Rechtswirklichkeit" (*Rheinstein*, zitiert nach *König*). Auf Grund der Minderung der Mobilität waren wieder Bedingungen zu der Form der Großfamilie geschaffen. Außerdem herrschte besonders in den höheren feudalen Schichten die „generationale Familie" als eine extreme Art der partriarchalischen Familie, bei der die Söhne mit ihren Frauen und Kindern auch nach der Verheiratung zu Lebzeiten des Vaters unter seiner Herrschaft blieben. (Dieser Typ der Gesellschaft blieb zum Teil in einigen aristokratischen Familien in Europa bis heute erhalten — *König* 1974). Für die feudalistische Gesellschaft gab es allerdings viele Möglichkeiten, die strikte monogamische Ehe zu umgehen. Der Konflikt zwischen der ideologisch religiös geforderten Unlösbarkeit der Ehe und den realen Verhältnissen steigerte sich beim Einzug des mehr individualistischen Protestantismus. Weltberühmt wurde dieser Konflikt durch die Scheidung Heinrichs VIII., mit nachfolgender Kirchenspaltung in England. Bekanntlich hat Luther dann die Ehe als ein weltliches Problem aus der religiösen dogmatischen Sanktionierung herausgenommen.

4 Ehe in der liberal-kapitalistischen Welt

Die neue überseeische Expansion mit Gründung von Kolonien hat wohl wieder zu der größeren Mobilität mit häufigerer Bildung von Kleinfamilien beigetragen. Es ist wahrscheinlich, daß diese Kleinfamilie der Industrialisierung vorausging (*Worsley* 1970, S. 149). Dann aber hat die Industrialisierung einen mächtigen Einfluß auf die Familie ausgeübt (*Goode* 1963). Auf jeden Fall haben sich Industrialisierung und Verstärkung der Kleinfamilienbildung gegenseitig unterstützt. Die Familie und zum großen Teil auch die Institution der Ehe blieben offensichtlich stabil, zum Teil unter dem ökonomischen Druck, zum Teil unter den immer mehr oder weniger vorherrschenden christlichen Werten und Normen in den breiten Schichten der kapitalistischen Länder, auch wenn die industrielle Produktion und der Staat manche Funktionen der Familie geschwächt haben. Die Scheidungsraten stiegen vor allem in den letzten zwei Jahrhunderten, besonders aber dann nach dem zweiten Weltkrieg (mit Ausnahme in Staaten mit starkem Einfluß der katholischen Kirche und Japan). Einige Ursachen für diese Erscheinung kann man in den steigenden Ansprüchen und der Lockerung der Werte und Normen sehen, das heißt in der Anomie. Die große kulturelle Mischung, potenziert durch die heutigen Möglichkeiten der Mobilität und Informationsmittel, verursacht eine uneinheitliche Sozialisation mit Schwächung der herrschenden Weltanschauungen, die den Menschen zur Opferbereitschaft und zur Übernahme von herkömmlichen Werten und Normen geführt haben. Steigende Ansprüche bringen mehr Wohlstand mit sich, was viele Menschen von ökonomischen Zwängen befreit, und größere Möglichkeiten individueller Entscheidungen bietet. Dies wird auch ermöglicht durch die sinkende informale Kontrolle der traditionellen Gemeinschaften, der Familie, des Dorfes, der kirchlichen Gemeinden und ähnlichem. Die Ansprüche steigen allerdings schneller als die ökonomischen Bedingungen, so daß viele Menschen in ihren Erwartungen frustrieren. Aber auch die Sättigung (für manche), zum Beispiel im sexuellen Bereich, bringt keine Beruhigung mit sich. *Weiss* (1980) schreibt, daß die Menschen in den wohlhabenden Ländern an ihrem Recht auf uneingeschränktes Streben nach Glück festhalten, ganz egal, wieviel Leid dieses Streben verursachen mag. Die Betonung der freien Wahl bedeutet letztlich auch für die Ehe, ebenso wie für alle anderen Bereiche des Lebens, daß keine Entscheidung unwiderruflich sei. Dieses Empfinden einer Pflicht sich selbst gegenüber könnte man als Selbstverwirklichungsethik mit Zurückweisung von Verantwortung bezeichnen. Es scheint, daß immer mehr Männer und Frauen eine Version dieser ethischen Haltung als Grund für ihre Ungeduld mit der Ehe angeben. Da die Ansprüche schneller steigen (können) als die reformatorischen Änderungen der Realität, kommt es auf Grund der Frustrationen zu anarchistischen und utopischen Bewegungen. Es sind vor allem Kinder von liberal erziehenden Eltern, mit schwacher Sozialisation, die zu solchen Reaktionen neigen. Es zeigt sich, daß bei nichttraditionellen Einstellungen der Scheidungsprozeß weniger traumatisierend ist (*Chiriboga* et *Thurnher* 1980), besonders was die sexuelle Rolle der Frau betrifft (*Granvold* et *Welch* 1979).

Die Anziehungskraft der utopischen Bewegungen — wie auch der östlichen Philosophie — wird durch das Fehlen von überpersönlichen Zielen und der zwischenmenschlichen Solidarität mit steigenden Konflikten, das heißt durch das weltanschauliche Defizit, verstärkt. Die herkömmlichen Organisationen und Institutionen leiden an Legitimierungsmangel und werden immer mehr in Frage gestellt. Eine andere Reaktion auf die Frustration stellt der steigende Verbrauch von Alkohol und Drogen dar, die im Wohlstand leicht erreichbar sind. Diese Zeit bringt aber auch eine größere Möglichkeit für die Suche nach Alternativen in der sozialen Struktur mit größerer Universalität und Minderung der früheren krassen sozialen Unterschiede. Dies bedeutet auch die Befreiung der Frau von dem früheren patriarchalischen System. In modernen Gesellschaften erhöht sich die Gleichberechtigung der Frau, gemessen an ihrem Anteil an den Universitäten oder an der sozialistischen Form der Regierung, die die Bürgerrechte wie Scheidungen fördert (*Anderson* und *Troos* 1976). Der steigende Anteil der beschäftigten Frauen außerhalb des Haushalts kann unter den schon aufgeführten Umständen die Scheidungsraten erhöhen; außerdem führt das persönliche Engagement in der Frauenbewegung allzu oft zu Enttäuschungen und Konflikten (ähnlich wie die meisten Folgen des sozialen Wandels). Auch die größere soziale Mobilität führt häufiger zu Ehen zwischen Menschen mit verschiedener kultureller Herkunft, was wiederum, nach *Pearlin's* Contingency Theorie, die Scheidung eher begünstigen kann. Zugleich hilft allerdings diese Art der kulturellen Vermischung zur Überwindung kultureller, nationaler, rassistischer und religiöser Spannungen und zur Bildung universalerer Lebensformen. Auch die längere Lebenserwartung der Menschen und die Beschränkung der Kinderzahl ermöglichen den Familienzyklus (*König* 1974) und bieten auch den Frauen größere Chancen zur Selbstverwirklichung. Wie aber *Weiss* zeigt, kann die höhere Lebenserwartung keinesfalls die steigenden Scheidungsraten allein erklären. In der Zeit zwischen 1960 und 1971, in der die Scheidungsziffern noch erheblich gestiegen sind, hat sich die Lebenserwartung kaum verändert.

Alle diese Änderungen, ähnlich wie die politischen Verhältnisse in der Welt, scheinen sich zu beschleunigen. „Einstellungen zur Ehe und ihrer Beendigung haben sich in den letzten 15 Jahren so dramatisch verändert, daß wissenschaftliche Studien, die vor 1960 veröffentlicht wurden, wie von einer anderen Zeit, fast von einer anderen Welt wirken" (*Norton* und *Glick* 1976). Eine andere Illustration: *Timothy Dwight* sprach im Jahr 1816 über „alarmierende und schreckliche" Scheidungsraten in Connecticut; damals wurde eine von hundert Ehen geschieden. Theaterstücke und Romane, die im 19. Jahrhundert das Problem der Scheidung behandelten, betrachteten es als eindeutiges Übel und Geschiedene als egoistisch, töricht oder gottlos, böse (*Hunt* 1966). Man muß allerdings in Betracht ziehen, daß Scheidungsneigungen eher in Wellen heranzogen und wieder abflachten.

5 Typologie der Ehen im Wandel

In einer interessanten Analyse macht *Roussel* (1980) darauf aufmerksam, daß die Scheidungen mit unterschiedlichen Lebensformen innerhalb der Ehe zusammenhängen. Er beschreibt dann folgende vier „reine Typen" der Ehen und Scheidungen: 1. Ehe als Institution, die vor allem dazu bestimmt ist, den Weiterbestand des „Hauses" zu sichern. Sie hatte das Überleben der Mitglieder einer Familie zu garantieren und materielles oder einfach symbolisches Erbe von einer Generation auf die andere zu übermitteln. Diese Funktionen des Überlebens und der Übermittlung hatten einen unbedingten Vorrang. So waren strenge Verpflichtungen genau umschrieben und verteilt, welche für den Fortbestand des Hauses unentbehrlich schienen: nach Geschlecht und Alter vorgeschriebene Arbeit, Beständigkeit der Gruppe und entsprechend auch des Paares, starre Hierarchie, Aufrechterhaltung einer Ordnung der Dinge, welche als natürlich angesehen wurde. Angesichts der Unsicherheit des täglichen Lebens mußten Lust und Laune des Einzelnen als lächerlich erscheinen. Die Unauflöslichkeit der Eheverbindung war nur eine der unentbehrlichen Bedingungen für das Funktionieren dieses Modells. Allgemeiner: der institutionelle Charakter, das heißt der Vorrang der allgemeinen Ordnung vor den individuellen Gefühlen erschien als die beste, wenn nicht die einzige Formel, um die angestrebte Zielsetzung zu erreichen.

Das 2. Modell stellt die Ehe als Bündnis dar. Die Änderungen in dieser Familie sind von Autoren wie *Shorter* (1975 und *Ariès* (1976) sehr gut beschrieben. In einer Wirtschaftsordnung, in der das Problem des Lebensunterhalts für einen Großteil der Bevölkerung an Dringlichkeit verloren hat, übernimmt die „neue Idee" des Glücks die Stelle der traditionellen Zielsetzung des Überlebens. Von jetzt an heiratet man, um miteinander glücklich zu sein. Solange man sich gegenseitig liebt, ist alles problemlos. Verschwindet die Liebe, bleibt die Institution bestehen, um die Aufrechterhaltung des ehelichen Bandes zu rechtfertigen. Diese Rechtfertigung erscheint jedoch nicht allen als genügend. Einige möchten deshalb ihre Verbindung auflösen, besonders um eine neue einzugehen, welche es ihnen erlaubt, das Glück wieder in der Institution zu finden. In diesem Ehesystem betrachtet sich die Gesellschaft durch das Zerbrechen einer Verbindung als beeinträchtigt. Logischerweise kann diese deshalb nur eine einzige Rechtfertigung der Scheidung akzeptieren: das Zerbrechen der Ehe erklärt sich durch ein gegen die Institution begangenes Delikt. Wenn Glück und Gesetz nicht in Einklang standen, so deshalb, weil vor allem das Gesetz nicht respektiert wurde. Die Scheidung ist bei diesem Modell also notwendigerweise eine Sanktion, eine juristische Sanktion zunächst gegen den Schuldigen. Ihm gegenüber bleibt der andere jeder Verpflichtung entbunden. Grundsätzlich wird dem Schuldigen auch die Betreuung der Kinder entzogen und er bekommt keine Alimente zugesprochen. Eine andere Sanktion, wenn auch eine viel undeutlichere, subtilere, stellt die mehr oder weniger harte gesellschaftliche Ächtung beider Gatten dar, deren Scheitern in der Ehe an die gesellschaftliche Ordnung rührt. Ab und zu weitet sich die Ächtung sogar auf die Kinder aus: in bestimmten Kreisen kommt die Heirat mit dem Sohn oder der Tochter eines Geschiedenen gar nicht in Frage. Diese Art Scheidung schließt mindestens für einen Partner eine tiefgehende affektive Traumatisierung keineswegs aus. Aber das ist ein zweitrangiger Aspekt des Scheiterns, welcher durch eine neue Verbindung wieder wettgemacht werden kann.

Das 3. Modell, welches, wie es scheint, zur Zeit in den meisten europäischen Ländern vorherrscht, gründet vor allem auf einer intensiven gefühlsmäßigen Solidarität. Es handelt sich um die Verschmelzungsehe. Die Institution der Ehe wird zu einer bloßen Formsache, zu welcher sich das Paar aus Gründen der bequemen Anpassung entschließt. Die Ehe wird auf das Paar und die Familie auf das Paar mit Kindern reduziert. Diese Mikrogesellschaft zielt darauf ab, eine sich selbst genügende affektive Autarkie einzurichten. Von ihren Grundlagen her erfordert eine solche Auffassung der Ehe eine Statusgleichheit zwischen den Partnern und in gewissem Sinne eine Unterschiedslosigkeit in den Rollen. Von dem Kind wird erwartet, daß es einen spürbaren affektiven Beitrag für die Eheleute bringt. Bejaht eine Gesellschaft dieses Ehemodell, muß sie auch akzeptieren, daß das Verschwinden des Liebesgefühls das Auseinandergehen des Paares nach sich zieht. Sich scheiden zu lassen, ist dann kein Delikt mehr. In diesem Modell befaßt sich die Gesellschaft lediglich damit, die Tatsache des Scheiterns festzustellen und für die verschiedenen Mitglieder der auseinandergefallenen Familie alle Vorkehrungen zu treffen, welche als die besten bzw. die am wenigsten schlimmen erscheinen, um jedem die Chance der Wiedereingliederung in die Gesellschaft und des individuellen Glücks zu geben. Die Scheidung betrifft vor allem das private Leben. Dabei kommt es doch zu tiefen intimen Verletzungen, mit Versagungs- und Schuldgefühlen. Auch das Kind gerät in den Bereich der Auseinandersetzungen; brutale Beleidigungen und kleinliche Racheakte laufen über das Kind weiter. Was also bei dieser Art von Scheidung auf dem Spiel steht, ist vor allem das seelische Gleichgewicht der einzelnen Partner.

Das 4. Ehemodell stellt die Partnerschaftsehe oder die Gefährtenschaft dar. Hier ist die Heirat keine unentbehrliche Formalität mehr. Das „Zusammenleben" dauert häufig fünf und mehr Jahre. Die Fruchtbarkeit beginnt und endet mitunter bereits, bevor die Beziehung legalisiert wird, was oft lediglich aus erbrechtlichen Gründen geschieht. Im übrigen unterscheidet die öffentliche Meinung kaum mehr zwischen faktischer und rechtlicher Situation. Zu dieser Zeit ist die „Scheidungsrate" sehr hoch und die Wiederverehelichung der Geschiedenen relativ selten. Die Gesamtheit dieser Verhaltensweisen erklärt sich auch hier durch die Zielsetzung, welche sich das Paar gegeben hat: man sucht immer noch miteinander das Glück. Doch glaubt man dieses nicht mehr in einer intensiven gefühlsmäßigen Solidarität des Paares zu finden. Das Paar wird vielmehr verstanden als ein gut zusammenpassendes Team, in dem jeder Partner für sich selbst befriedigende Resultate erwartet. Gefühlsmäßig investiert man gegenseitig weniger. Das gemeinsame Leben ist angenehm. An diesen Vorteilen festzuhalten schließt nicht aus, daß jeder noch unterschiedliche Interessen hat, manchmal seine Freizeit anders verbringt und zum Teil ein anderes Beziehungsnetz hat. Übertriebener Verliebtheit gegenüber ist man mißtrauisch. Im Grunde ist das die gegenwärtige Form der Vernunftehe. Die Dauer einer solchen Beziehung ist selbstverständlich gebunden an das Vorhandensein der Annehmlichkeiten und Vorteile, welche sie mit sich bringt. Es braucht auch nur der eine von beiden in seinen Erwartungen enttäuscht zu werden, und das Paar verliert seine Daseinsberechtigung. Dieser gefühlsmäßig lockeren Ehe entspricht logischerweise eine ebensolche Auflösung. Man kann sich trennen wie zwei Geschäftspartner, welche eines Tages feststellen, daß ihre Interessen nicht mehr übereinstimmen und die sich im guten Einvernehmen verlassen. Für das Paar und für die Kinder ist die Trennung in einem gewissen Sinne unbelastend. In diesem Modell kann man zum Beispiel das Sorgerecht für die Kinder gemeinsam wahrnehmen. Die Scheidung verliert das Dramatische und Traumatisierende. Die Gesellschaft wird sich damit begnügen, die Auflösung zu registrieren, nachdem sie von den Ex-Partnern verlangt hat, daß sie selbst die nötigen Modalitäten festlegen. Nur wenn sich Schwierigkeiten einstellen, wird eine gerichtliche Instanz intervenieren, aber ihr Eingreifen beschränkt sich darauf, den Streit der beiden Parteien zu schlichten. So sind Ehe und Scheidung sowohl für die Gesellschaft, als auch für den Einzelnen zu einer völlig privaten Angelegenheit geworden.

Eines der Probleme besteht allerdings darin, daß es in der Gesellschaft zugleich mehrere Typen von Ehen und von Arten des Sich-Trennens geben kann. Dabei bemühen sich die Staaten um einen einheitlichen juristischen Rahmen. Was die Ehe betrifft, halten alle Staaten an der juristischen Einheitlichkeit des Modells fest.

Hingegen liegen die Dinge in bezug auf die Scheidung von Land zu Land anders. Die häufigste Lösung besteht darin, eine einzige Form der Scheidung zuzulassen, jene nämlich, die dem vorherrschenden Ehemodell entspricht. Frankreich hat allerdings eine andere Stellung eingenommen: seine Gesetzgebung schlägt den Paaren verschiedene Modalitäten der gesetzlichen Auflösung vor. Damit erkennt Frankreich die Vielzahl der Modelle an, auf welche sich die Bevölkerung mehr oder weniger bewußt bezieht. Zwar bedeutet die Entwicklung eine leichtere Prozedur, doch verlangt die Auflösung der Ehe umgekehrt Interventionen anderer Art, um anfällige Streitpunkte zu regeln. So ersetzt zum Beispiel der Notar den Richter, aber letzten Endes werden die zur Scheidung nötigen Schritte mindestens in einzelnen Fällen eher schwieriger. Das scheint in Deutschland der Fall zu sein, wenn sich die Partner nicht ganz genau einig sind über die Bedingungen der Trennung. Es sind aber nicht nur die Notare, welche mehr Arbeit erhalten. Psychologische Experten, Sozialarbeiter, unter Umständen auch Ärzte, werden Hilfskräfte der Rechtsprechung und ihre Berichte sind dafür oft ausschlaggebend. Diese Sicht hilft vor allem, überstürzte Urteile über die Scheidungsfolgen zu vermeiden. Dabei zeigt sie die Wichtigkeit des dynamischen Aspekts und der Einbettung der Probleme in die gesamten gesellschaftlichen Verhältnisse.

6 Ehen in neuen weltanschaulichen normativen Bewegungen

Die anarchistischen und utopischen Tendenzen prägen auch die Anfänge der marxistischen Bewegung. Diese Einstellungen sind aber weniger geeignet, ein neues und stabiles soziales System aufzubauen. Ähnlich wie die Vorstellungen der Urchristen bald mit den Forderungen der Kirche oder die Vorstellungen zum Beispiel von *Rousseau* oder der Jakobiner mit den realen Verhältnissen in den liberal-parlamentarisch-kapitalistischen Systemen, so geraten auch die ursprünglichen marxistischen Vorstellungen bald in Konflikt mit den realen Forderungen des Aufbaus der marxistischen Staaten. Diese geschichtlichen Tendenzen entsprechen den Vorstellungen *Paretos* (1955). Die Veränderungen in der Familienpolitik beschreiben mit einer eingehenden Analyse *Geiger* (1970) und zum Teil auch *Filser* (1978).

Früher oder später zeigte sich ein großer Widerspruch zwischen den Vorstellungen der Weltanschauung und den Forderungen des realen Lebens. Dank den Prioritäten in den politisch ideologischen Verhältnissen und des Aufbaus der schweren Industrie und den weltanschaulichen Vorstellungen, daß nach Änderungen der Produktionsverhältnisse sich auch automatisch die zwischenmenschlichen Verhältnisse ändern, dauerte die ultraliberale Familienpolitik in die vierziger und fünfziger Jahre mit bestimmten Folgen bis zur heutigen Zeit. Die Veränderungen sind aber eindeutig. Noch in den dreißiger Jahren unterschied man den neuen Lebensweg von dem alten in der Art, daß es keine Familien geben sollte, weder alt noch neu. Die geschlechtliche Gleichberechtigung sollte auch die Befreiung der Frau von den Pflichten der Erziehung der Kinder und der Haushaltsführung sichern. Erst gegen Ende der dreißiger Jahre zeigte sich deutlich, daß eine ökonomische Basis für die radikale Beseitigung der Familie nicht aufgebaut werden konnte. Es verstärkte sich das Problem der verlassenen Kinder (,,Bezprizornych") und ihrer Delinquenz. Die Erziehung der Kinder wurde immer häufiger dadurch gefährdet, daß eine steigende Anzahl von Vätern die Familien verlassen hat und die Mütter einer Beschäftigung nachgingen. Diese Disharmonie zwischen den anarchistischen Vorstellungen über die Familie und dem Leben und Gesetz wurde ein immer größeres soziales Problem. Stabile Ehen, große Familien und Selbstdisziplin erwiesen sich als wichtiger für das System als individuelle Freiheit, geschlechtliche Gleichberechtigung und weltanschauliche Konsistenz. Die Vorstellung, daß der Staat die Kinder erziehen sollte, wurde als ,,Kollontai's Theorie" für schädlich gehalten, weil es die Eltern unwissentlich rechtfertigte, die sich keiner Belastung durch ihre Kinder aussetzen wollten. Es wurde propagiert, daß die wichtigste Aufgabe der Familie in der Vorbereitung der neuen Generation für den Kommunismus bedeutet. Die Feinde sollten daran gehindert werden zu versuchen, ,,ihr Ausbeutungsverhalten hinter leeren linken Phrasen zu verstecken". Im Jahr 1944 endete auch rechtlich das Konzept der ,,Defacto-Ehe" mit der Anerkennung der allein noch geltenden legalen Ehe. Ähnliche Tendenzen erschienen auch in anderen Bereichen, in der Armee, in der Industrie und in den Gesetzen. Die neue soziale Disziplin war notwendig, um das Chaos in den zwischenmenschlichen Beziehungen neu zu ordnen und das System zu stabilisieren. Zu dieser Zeit war es auch einigermaßen gesichert, daß auch die Eltern ihre Kinder vor allem in der einheitlichen Weltanschauung erzogen werden. Es wurde propagiert, daß nicht mehr die bourgoise Ehe auf Grund der finanziellen Interessen gilt und daß jetzt die Mutterschaft zur Freude wird, daß die Frauen und Kinder die glücklichsten Menschen der Welt geworden sind und daß in der sozialistischen Gesellschaft individuelle und gesellschaftliche Interessen harmonisch vereint sind. Soweit haben wir *Geiger* zitiert.

Die Scheidungsraten blieben in der Sowjetunion, wie auch in anderen Ostblockländern, hoch, auch wenn sie sich wellenartig veränderten. Zum Beispiel während der kurzen reformatorischen

Phase nach dem Tode von Stalin und der Öffnung des weltanschaulichen Systems zu mehr Mobilität, Informationen und Individualismus wurde auch das Scheidungsrecht liberalisiert, was zu einer Ver-
doppelung der Raten zwischen 1963 und 1966 geführt hat. In Ru-
mänien verlief die Entwicklung gerade umgekehrt: Im Jahr 1962
war dort die Scheidungsrate eine der höchsten der Welt, dann sank
sie dramatisch, bis sie ein sehr niedriges Niveau im Jahr 1967 erreicht hat (beide Angaben in *Plateris* 1978). Die Scheidungsproblematik stellt in der Sowjetunion ein wichtiges Problem dar. In seinem Aufsatz schreibt *Charcev* (1969, S. 182), daß die Familie in
der Entwicklung der sowjetischen Gesellschaft insbesondere bei
der Erziehung der jungen Generation eine hervorragende Rolle
spielt. Aus diesem Grund sind Partei und Staat, wie überhaupt die
ganze sowjetische Gesellschaft, stets bestrebt, die Ehe- und Fami-
lienbeziehungen zu festigen. Die Bewältigung dieser ebenso wichtigen wie komplizierten Aufgabe setzt die genaue Kenntnis jener
„Krankheiten" voraus, an denen die Familie am häufigsten leidet.
Und weiter wird der Autor zitiert: „Die Analyse der Methoden
und Mittel zur Stabilisierung der Familie hat auch gezeigt, daß
die Kollektive, in denen die in Scheidung lebenden Ehepartner
arbeiten, sich keinesfalls gleichgültig gegenüber den Äußerungen
von Familienkonflikten und Scheidungen verhalten dürfen. Einzelne Beispiele beweisen jedoch, daß eine überlegte und rechtzei-
tige Intervention der Gemeinschaften sehr wohl den Zerfall gefährdeter Ehen verhüten kann." Als Muster werden die Kurse an den
meisten amerikanischen Hochschulen zur „Vorbereitung auf die
Ehe", in deren Rahmen Vorlesungen über Ethik, Psychologie, Soziologie, Pädagogik, Ökonomie und Physiologie gehalten werden,
zitiert, während in der Sowjetunion indes die Vorbereitung auf
die Ehe fast vollständig vernachlässigt würde. Auch die DDR
nimmt für sich in Anspruch, die − noch stärker charakteristische
− Trennung von Familie und Erwerbsarbeit und ihre Auswirkungen auf Ehe und Familie besser zu meistern. In dem Ehebuch
von *Neubert* (1972) wird die neue Lage wie folgt charakterisiert:
Zur Zeit sei nicht die Ehe am Ende, vielmehr löse sich zugleich
mit der bürgerlich-kapitalistischen Ordnung auch die bürgerliche
Ehe und Familie auf. Zum neuen Inhalt der Ehe sei die Liebe,
die Begegnung zweier Menschen verschiedenen Geschlechts in kör-
perlich-physisch-geistiger Zuwendung, Vereinigung, Verschmelzung,
Auseinandersetzung, gegenseitige Steigerung geworden und zugleich
auch die Aufzucht und Erziehung gesunder, gemeinschaftsfähiger
Kinder, in Verbindung mit dem gesellschaftlichen Erziehungswe-
sen. In der letzten Zeit werden auch in der DDR die hohen Scheidungsraten bekämpft und die Scheidungen erschwert.

In der Volksrepublik China (*Filser* 1978, S. 47 ff.) wurde sehr bald nach der Gründung des Staates im Jahr 1950 (viel früher als die Staatsverfassung) ein neues Ehegesetz verabschiedet. Dieses Gesetz macht in Artikel 1 die Monogamie, die sich vorher in China noch nicht restlos durchgesetzt hatte, nunmehr obligatorisch. Das im frühen China sehr weitgehende Scheidungsrecht wird durch eine Reihe von Klauseln eingeschränkt, die den Schutz von Frau und Kind gegenüber dem „vagabundierenden und launischen" Mann bezwecken. Zum Beispiel darf der Ehemann keine Scheidung beantragen, wenn seine Ehefrau schwanger ist und solange sie einen Säugling stillt. Diese Bestimmung ist im Jahr 1968 vollinhaltlich in das neue sowjetische Ehegesetz übernommen worden: ungeachtet der sowjetisch-chinesischen Spannungen. In Verfolgung dieser Ehe- und Familienpolitik sollte die überstarke Verfügung der Sippe über den einzelnen erheblich abgebaut werden. Mit der puritanischen Überwachung des Geschlechtslebens der Chinesen achteten auch die dörflichen Gemeinschaften streng auf die Familienmoral. Am Beispiel China ist deutlich zu ersehen, daß auch bei Übernahme vieler früherer Funktionen der Familie durch den Staat und viel häufigerer Beschäftigung der Frau (die Kinder werden dort wesentlich mehr in der Gemeinschaft erzogen und in den gemeinsamen Küchen verpflegt) keinesfalls das Anwachsen der Scheidungsraten zur Folge haben muß — allerdings ist die Umerziehung zur einheitlichen Weltanschauung mit Verhinderung der Anomie dort offensichtlich viel besser gelungen — allerdings mit anderen unerwünschten Folgen.

Die Wirkung der vereinheitlichenden Weltanschauung mit moralischen Geboten und der Erziehung zur Opferbereitschaft der Individuen kann man auch bei den islamischen Staaten ersehen. In den meisten arabischen Staaten ging die Scheidungsrate deutlich zurück (*König* 1974), was offensichtlich der Renaissance des Islam zu verdanken ist. In Japan und im Islam (*König* 1974, S. 107 f.) gehen die rückläufigen Scheidungsraten zum Teil auf Kosten der Schwächung des ursprünglich patriarchalischen Systems, in dem der Mann seine Frau einfach vertreiben konnte. Zum Teil handelt es sich allerdings um Länder, in denen die Großfamilie früher eine sehr wichtige Rolle spielte, wodurch die Scheidung leichter verkraftet wurde.

7 Spiralförmige Entwicklung?

Es scheint offensichtlich, daß sich auch das Familienleben mit Ehe- und Scheidungsproblematik, trotz ihrer relativen Selbständigkeit, einigermaßen durch das oben beschriebene Modell des sozialen

Wandels erklären kann. Auf der anderen Seite besteht der soziale Wandel in dem Modernisierungsprozeß mit Vermehrung der Produktion, der Population, was auch die Schwächung der Verwandtschafts- und Stärkung der Organisationssysteme mit sich bringt. Im Rahmen dieser Entwicklung schwächt sich die Großfamilie, und viele Funktionen der Familie werden vom Staat oder von überstaatlichen Organisationen, wie wirtschaftliche Konzerne oder weltanschauliche Einheitsparteien, übernommen. Auf der anderen Seite besteht der soziale Wandel der westlichen, expandierenden Kultur in Schwankungen zwischen dem Säkularisationsprozeß und dem Einzug einer neuen, vereinheitlichenden Weltanschauung. Während des Säkularisationsprozesses, wie in Griechenland oder Europa nach dem Mittelalter, kam es zu mehr Individualismus, sozialer Mobilität und damit auch zur Stärkung der Kleinfamilie. Im antiken Rom oder in den technischen Staaten von heute brachte die Vermischung der Kulturen eine Schwächung der Werte und Normen, das heißt anomische Zustände, und als Reaktion darauf utopische und anarchistische Tendenzen mit sich. Diese Tendenz wird dann abgewechselt mit dem Einzug einer neuen, vereinheitlichenden Weltanschauungsbewegung, mit moralischen Geboten, mit der Erziehung zur Opferbereitschaft für die Gemeinschaft, mit einer allmächtigen Organisation und besser legitimierten, emotional anerkannten Führern. Diese Bewegungen sichern eine übergreifende Ordnung, in die sich die früheren Kulturen mehr oder weniger einfügen.

8 Wandel aus soziologischer und psychiatrischer Sicht

Bei der Schilderung der Entwicklung der Scheidungsproblematik entsteht eine Diskrepanz zwischen den Soziologen und Psychiatern. Während die Soziologen eher nur die Änderungen von einem Typ der Familie zu einem anderen sehen, also keinen Zerfall der sozialen Strukturen, bekommen Psychiater häufiger die Folgen dieser Veränderungen, die sich individuell subjektiv meistens als Krisen darstellen, zur Behandlung. Der soziale Wandel mit den neuen Familienformen sichert keine feste, durch die Sozialisation verinnerlichte und durch die Umwelt sanktionierte Rolle des Zusammenlebens, wie es früher häufiger war. Die jetzige vorherrschende Form der Kernfamilie bietet eine Möglichkeit der Bindung der Individuen, die sich in der Zeit des Verliebtseins prägt, aber bald nach dieser Zeit verfällt man wieder in die individuellen Rollen mit dem Streben nach eigenen Bedürfnissen und persönlichem Glück, die dann zu Konflikten zwischen den Ehepartnern führen. Die Unsicherheit in den Ehen, die man um sich sieht, führt dazu, daß es schwieriger wird, ineinander zu investieren, um die Bindung weiter zu sichern. Je häufiger in der Umgebung Scheidungen vorkommen, desto unsicherer werden auch die noch bestehenden Ehen. Die neuen Familientypen nach *Roussel,* die zum Teil unter den Jüngeren anzutreffen sind, mit weniger tiefer Bindung und leichterer Trennung, führen doch in höherem Alter zum Alleinsein, besonders bei Frauen, und erhöhen zum Teil die Frustrationen beim Fehlen überpersönlicher Identifizierungen und gemeinsam akzeptierter Rollenerwartungen. Wenn allerdings diese zwei Bedürfnisse zu stark durchgesetzt werden, bringt es der Gesellschaft andere Nachteile (die im allgemeinen Modell des sozialen Wandels genannt werden).

XIII Zur Behandlung und Vorbeugung der psychischen Störungen bei Geschiedenen

1 Allgemeine Strategie

Wenn auch psychische Störungen, vor allem Depressionen, infolge der Scheidung weit verbreitet sind, benötigt nur ein kleiner Teil der Betroffenen psychotherapeutische Hilfe. *Häfner* betont, daß das Angebot der professionellen Hilfe „gegenüber dem natürlichen Selbsthilfepotential der Gesellschaft und gegenüber den sozialen und nichtprofessionellen Hilfsdiensten bei enger Zusammenarbeit in der zweiten Linie bleiben muß" (*Häfner* 1974). Es stellt sich erstens die Frage nach den quantitativen Möglichkeiten professioneller Hilfeleistungen; zweitens besteht das Problem, daß durch die professionelle Hilfe sekundäre diskriminierende soziale Prozesse bei den Betroffenen und ihren Bezugspersonen in Gang gesetzt werden können, die als Labeling-Etikettierungs-Prozesse bezeichnet werden. Zum dritten können durch die Professionalisierung der Dienste die Hilfspotentiale der Gesellschaft noch weiter zurückgedrängt werden. Auf der anderen Seite besteht bei vielen Geschiedenen eine Selbstmordgefahr, die von Professionellen, das heißt Psychiatern und anderen Psychotherapeuten, leichter erkannt wird, die dann auch umfangreichere Hilfsmaßnahmen einleiten können. Wahrscheinlich könnten hier bestimmte Screening-Methoden hilfreich sein, zum Beispiel durch die Inanspruchnahme einfacher Fragebögen, Bewertungsskalen von Anwälten und Juristen. Auch das Aussuchen der psychiatrischen Hilfe für Bedürftige konnte durch Erweiterung der ambulanten Beratungsstellen erleichtert werden. Wichtig ist allerdings das Bild, das sich die Öffentlichkeit von einer solchen psychologischen Hilfeleistung macht, welches das hilfesuchende Verhalten und Compliance beeinflußt.

1.1 Krisenintervention

Bei vielen Betroffenen wird es wohl auf eine Krisenintervention ankommen. Dabei geht es um eine schnelle Hilfe, die zur Wiedergewinnung der Selbstkontrolle dienen soll. Als wichtigste Regel gelten dabei die Feststellung des Befindens der Betroffenen, ihre Situation, ihrer Beziehung zu allen beteiligten Personen und deren Einstellung und das Erkennen früherer oder jetziger Krankheiten oder anderer spezifischer Gefährdung. Die wichtigsten Hilfeleistungen sind die Entlastung von emotionalem Druck, wie Depression, Schuldgefühl, Angst, Aggressivität und ähnlichem (*Häfner* 1974). Bei extremer Verengung der Betroffenen auf das Trauma der Scheidung soll ihre Aufmerksamkeit auf irgendwelche lösbaren Probleme der Zukunft, wenn möglich mit Stützung einer zuversichtlichen Einstellung, gelenkt werden. Bei sozialer Isolierung soll aktive Hilfe beim Anknüpfen neuer Kontakte geleistet werden, zum Beispiel durch Clubs, Vereine, soziale Einrichtungen und sonstiges. Eine besondere Rolle kommt für die Zukunft den Selbsthilfegruppen zu.

Im Unterschied zu psychotherapeutischen Techniken wird von dem Therapeuten wesentlich mehr Aktivität verlangt, besonders bei der Lösung verschiedener sozialer Probleme (Finanzen, Wohnung, Kinder und so weiter). Daneben sind Psychopharmaka in der akutesten Phase oft indiziert. Dies gilt hauptsächlich für Tranquillizer, wie Benzodiazepine, da sie die Selbstmordgefahr vermindern (der emotionale Druck kann etwas nachlassen und auch im Falle einer Selbstmordtat ist der Verlauf meistens günstiger). Die Antidepressiva sind bei schwerer Depression indiziert, allerdings bei Selbstmordgefahr mit nächtlicher Zugabe von Neuroleptika. Diese Krisenintervention hat eine besonders gute Prognose, wenn die Betroffenen in anderen Lebensbereichen einigermaßen gut integriert sind.

1.2 Systematische Psychotherapie

Oft liegt eine Störung vor, bei der eine systematische psychotherapeutische Hilfe indiziert erscheint. Die eigentliche Scheidungsproblematik stellt meistens den Ausgangspunkt — Focus — der Therapie dar. Hier gilt es, die Trennungsarbeit gemeinsam mit dem Betroffenen zu bewältigen und verschiedene Hindernisse aus dem Weg zu räumen. Dies sind zum Beispiel die Trennungsangst, ambivalente Gefühle, Fixierung und Übertragung auf den verlorenen oder sich neu anbietenden Partner, Verletzungsgefühle mit unterdrückter Aggression, Minderwertigkeitskomplexe und Schuldgefühle. Mit der Selbstwertproblematik aus psychoanalytischer Sicht während der Psychotherapie beschäftigt sich zum Beispiel *Rice* (1977). Oft werden die Einstellungen der Betroffenen durch zu große Abhängigkeit von den Erwartungen der Eltern, anderer wichtiger Bezugspersonen oder von den Normen der Gesellschaft verengt. Für die Verarbeitung der möglichen mehrgenerationalen Übertragung der Familienprobleme empfiehlt *Beal* (1980) eine dreigenerationale Gruppe mit Einbeziehung von Eltern und Kindern der Geschiedenen.

1.3 Verhinderung der Chronifizierung

Diese Arbeit geht Hand in Hand mit der Durcharbeitung neurotischer und unreifer Abwehrmechanismen und mit dem Aufbau der
reifen, situationsgerechten Abwehr. Die neurotischen, unreifen Abwehrmechanismen treten gehäuft auf, weil es nach dem Trauma
und mehr oder weniger schwerer Desorganisation zu einer Regression der Ich-Funktion kommt. Am meisten findet man Zuflucht zu
Phantasien und Wunschvorstellungen über eine ideale Welt, einen
idealen Partner, über das eigene Verhalten in der Zukunft, Phantasien über eine mögliche Rache, zwanghaftes Beharren in der Vergangenheit auf der Suche nach eigener oder fremder Schuld. Es
kann zu einer Distanzierung zur Realität mit Nichtakzeptierenwol-
len dessen, was endgültig passiert ist, oder zu unrealistischer Einschätzung der eigenen jetzigen Situation und Möglichkeiten für die
Zukunft kommen. Diese unreifen Abwehrmechanismen werden
durch ambivalente moralisierende und aggressive Gefühle, durch
schwere Verletzungen des eigenen Selbstwerts oder durch Angst
vor der Zukunft verstärkt. Eine andere häufige Abwehr ist die Zuflucht in den Alkoholismus, in hyperkompensierten, selbstentwer-
tenden Sex, in die Krankheit oder die Isolation.

Im Gegensatz dazu gehören zu den reifen Abwehrmechanismen
(die verstärkt werden müssen) eine gewisse Schwächung der Ich-
Bezogenheit, Distanzierung zu sich selbst, das heißt die Fähigkeit,
sich selbst und die eigene Situation auch mit den Augen der anderen und in der Zukunft zu sehen, mit bewußter Lenkung der Aufmerksamkeit auf weniger traumatisierende Inhalte, Stärkung der
Orientierung und Sublimation in nicht persönliche, allgemein an-
erkannte Bereiche und damit auch Akzeptierung der Realität und
Orientierung auf die Zukunft. Die Methoden, mit denen diese Ziele zu erreichen sind, unterscheiden sich von den üblichen dadurch,
daß der Therapeut etwas direkter sein muß, wobei er sich nicht
nur auf die psychodynamische Seite, sondern auch auf die situativen Probleme, die soziale und materielle Situation einstellen muß.
Besondere Aufmerksamkeit hat er der Verarbeitung von verdeck-
ten Aggressionen und Depressionen zu widmen.

Selbstwertproblematik

Durch ungünstig verlaufende Lernprozesse nach der Scheidung entstehen oder verstärken sich verschiedene Komplexe und verallgemei-
nernde negative Einstellungen. Ein Mensch mit schwachem Selbstvertrauen wird eher Mißerfolge erleben und dadurch seinen Minder-
wertigkeitskomplex vertiefen. Mißtrauische Menschen haben es oft

schwerer, neue positive soziale Beziehungen anzuknüpfen und werden so in ihren Einstellungen bestätigt. Bei allen diesen Teufelskreisen besteht die Psychotherapie in „korrektiven Erfahrungen". Es geht um den Versuch, diesen Menschen positive, gegen die bisherigen Erfahrungen laufende Erlebnisse und damit nicht egoistische, offene mitmenschliche Kontakte mit gegenseitigem Verständnis und Hilfe zu vermitteln. Mit einer kognitiven Therapie werden Fehlleistungen korrigiert.

Eine einfache aber wichtige Aufgabe besteht darin, den Geschiedenen zu vermitteln, daß es sich 1. um eine vorübergehende Krise handelt, so daß man nicht der momentanen Verzweiflung oder Panik unterliegen darf, daß 2. eine ähnliche Krise fast alle oder zumindest sehr viele Geschiedene durchmachen, auch solche, die das nach außen nicht zu erkennen geben, und daß 3. jede Entscheidung bestimmte Verluste mit sich bringt, so daß die Realitäten des Lebens unseren Wünschen oft nicht entsprechen.

Der Therapeut muß wissen, daß es sich meistens nicht um eine Dyade, um eine ausschließliche Sache der sich im Trennungsprozeß befindlichen Partner handelt. In solchen Situationen sucht jeder nach irgendwelcher Hilfe, so daß dritte Personen (für weniger aktive Geschiedene der Therapeut) einen außerordentlichen Einfluß besitzen.

Der Therapeut soll selbstverständlich nicht nur die psychodynamischen Probleme berücksichtigen, auch wenn er auf Grund seiner Ausbildung dazu neigt, sondern soll auch Hilfe leisten bei konkreten Problemen, wie Wohnungs-, finanziellen, juristischen, erzieherischen und anderen Fragen, Informationen geben oder auf andere verantwortliche Organisationen verweisen, wie es zum Beispiel *Beatrice* (1979) oder *Bonkowski* und *Wanner-Westly* (1979) betonen.

1.4 Gruppentherapie

Alle diese Aufgaben können meistens in Gruppen besser bewältigt werden als in individueller Therapie. Neben einer großen Solidarität von ähnlich Betroffenen, gegenseitiger Kontrolle eigener Probleme und Fehler, gemeinsamer Rationalisierung der emotionalen Wunden, Möglichkeiten selbst aktiv anderen zu helfen und eigene Ich-Bezogenheit dadurch zu schwächen, können die Gruppen ein wichtiges soziales „Support-System" darstellen, das auch nach der Beendigung der eigentlichen Therapie existiert. Es besteht allerdings die Gefahr, daß zwischen den Gruppenteilnehmern aus der Notsituation oder der neurotischen Frustration und gewissen Ängsten neue Partnerbeziehungen entstehen, die dann im realen Leben nicht standhalten. Mit fortschreitender Realitätsorientierung in der Gruppe schwächen sich auch solche Tendenzen. Manche Gruppentherapien werden sehr kurz, manchmal auch an einem Tag, durchgeführt (zum Beispiel *Young*, 1978), dann verlieren sie allerdings mehr oder weniger diesen Vorteil der fortdauernden sozialen Gruppe.

Die meisten geläufigen Probleme nach der Scheidung kann man auch in Selbsthilfegruppen bewältigen. Deshalb gehört die Hilfe bei der Organisierung solcher Gruppen zu den wichtigsten Aufgaben aller Fachleute, die den Geschiedenen zur Seite stehen wollen.

1.5 Praxis der Beratungsstellen

Die bisherigen therapeutisch-präventiven Bemühungen konzentrierten sich vor allem auf solche Gruppen, die entweder auf freiwilliger Basis (zum Beispiel nach Ankündigung in Massenmedien) zusammen kamen oder teilweise auch vom Gericht zur Problemlösung überwiesen wurden. Bei den Gruppen handelte es sich teilweise um eine Familientherapie mit Anwesenheit auch des früheren bereits geschiedenen Partners, die sich vor allen Dingen auf die Erziehungsprobleme mit den Kindern (inclusive ihrer Kontakte mit den geschiedenen Eltern) konzentriert haben. Es scheint, daß die Probleme mit den Kindern eine wichtige Motivation für die Geschiedenen bei der Suche nach Hilfsangeboten in Form therapeutischer Beratung darstellen. Außerdem stellt die Sorge um das Wohl der Kinder einen gewissen Orientierungspunkt für die Therapeuten dar. Nebenbei entwickelt sich daraus eine Möglichkeit, einen moralischen Druck auf die sich in der Scheidungssituation befindlichen Personen auszuüben. *Freudenthal* (1959) organisierte Gruppen für alleinerziehende Eltern nach Scheidung oder Verwitwung. *Kushner* (1965) betonte die Notwendigkeit, auch den nicht sorgeberechtigten geschiedenen Partner (was in der Regel der Vater war) in die Behandlung mit einzubeziehen. Verschiedene Ratschläge für die Beratung der Eltern mit ihren Erziehungsproblemen haben z.B. *Westmann* et al. (1970) verbreitet. Auch *Leader* (1973) versuchte durch die Einbeziehung des nicht sorgeberechtigten geschiedenen Vaters die neurotischen Fehlentwicklungen in den Einstellungen zu unterbrechen und konstruktive Veränderungen zu fördern. *Weissfeld* und *Laser* (1977) haben bei hospitalisierten Kindern aus geschiedenen Familien gefordert, daß beide geschiedenen Eltern an einer Gruppentherapie teilnehmen. Trotz der anfänglichen Reaktivierung der Konflikte und ungünstigen Reaktionen der eventuellen neuen Partner der Geschiedenen könnte man verschiedene neurotische Reaktionen, wie Widerstand, Ausweichen, Generalisierung der affektiven Reaktionen und ähnliches, analysieren und so zu rationaleren Lösungen kommen, die sich positiv auf die Kinder, aber auch auf die Eltern, auswirkten.

In ihrer umfangreicheren Forschungsarbeit mit den Kindern von Geschiedenen haben *Wallerstein* und *Kelly* (1977) eine kinderzentrierte Gruppenarbeit mit den geschiedenen Familien errichtet. Obwohl auch sie bestätigen konnten, daß die emotionale Scheidung einen mehrjährigen Prozeß darstellt, fanden sie, daß der günstigste Zeitpunkt zur Beratung bald nach der Trennung liegt, weil zu dieser Zeit größere Unsicherheiten bis hin zu Ängsten bei den Geschiedenen als eine wichtige Motivation für eine Behandlung registriert wurden. Geschiedene mit eindeutigen psychiatrischen Problemen wurden allerdings ausgeschlossen. Die Selbstwert- inclusive der Schuldproblematik spielt eine wichtige Rolle: die Eltern, die eher die Scheidung anstrebten, fanden ihre Kinder relativ in Ordnung, während die Elternteile, die sich eher verlassen fühlten, bei den Kindern mehr Probleme und schädliche Folgen sahen. Die Reaktion der Kinder erschien zum Teil abhängig von ihrem Alter. Teilweise hatte sich die Intervention auf das Kind, zum Teil auf seine Beziehungen zu den Eltern, zum anderen auch auf die gegenseitigen Reaktionen der Eltern zentriert. Für die Eltern und ihre Beziehungen zum Kind war es wichtig, die grundlegende Dynamik in den Reaktionen des Kindes ebenso wie in ihren eigenen Reaktionen, die die elterlichen Kapazitäten beeinträchtigten, zu begreifen. Nach den Eindrücken der Autoren scheint selbst eine unglückliche Ehe bestimmte Vorteile für die Kinder durch die Aufteilung der Arbeit und die Verantwortlichkeit der Eltern zu haben. Die Analyse der Übertragung und Gegenübertragung der Geschiedenen zu den Therapeuten war wichtig. Die Therapeuten fühlten sich oft überfordert, da sie als Objekt unrealistischer Hoffnungen, aber auch des Neides behandelt wurden.

Über ein Zentrum für Probleme der Menschen nach der Scheidung (postdivorce clinic) an der forensisch-psychiatrischen Abteilung in Los Angeles referierten *Scheffner* und *Suarez* (1975). Zu ihnen wurden Geschiedene mit verschiedenen Problemen, vor allem was die Sorgerechte und andere Erziehungsschwierigkeiten betraf, vom Gericht überwiesen. In ihrer Arbeit haben sie sich nicht nur auf die konkreten Fragen des Gerichts begrenzt, sondern aktiv weitere Vorschläge unterbreitet, wobei sie vor allem die Interessen der Kinder berücksichtigten. Außerdem organisierten sie auch Seminare zusammen mit den Juristen. Eine andere Art der Zusammenarbeit zwischen einem Sozialarbeiter und einem Juristen beschreiben *Wiseman* und *Fiske* (1980). Der Jurist versucht als neutraler Vermittler die rationalen Einstellungen und Verhandlungen der Personen in der Scheidung zu fördern. Er bietet seine Kenntnisse zur Beurteilung juristisch möglicher Alternativen an. Über die grundlegenden psychodynamischen Reaktionen berät er sich mit dem Sozialarbeiter. Bei dieser Arbeit zeichnen sich drei Stadien bei den Geschiedenen ab: Kampf, Verhandlung und Zukunftsorientierung. Manchen Paaren wird bewußt, daß sie einerseits diese Zukunft nach der Scheidung eigentlich gar nicht wollen, sondern nur die Bestrafung des Partners verfolgten, oder aber, daß andererseits mit dem Verschwinden des Partners die Probleme nicht automatisch gelöst werden können.

In seiner Arbeit mit Menschen nach einem Ehepartnerverlust hat *Weiss* mit seinen Kollegen auch Seminare für Getrenntlebende organisiert. Jede Woche wurde in einer Sitzung eines der Probleme der Geschiedenen vorgetragen und dann in Gruppen diskutiert (die emotionalen Folgen der Trennung; die fortdauernde Beziehung zwischen den Geschiedenen; Reaktion der Freunde und Verwandten auf die Trennung; Veränderungen in der Beziehung zwischen Eltern und Kindern; wie Kinder auf die Trennung der Eltern reagieren; Neubeginn mit Lebens- und rechtlichen Problemen; „dates" (Rendezvous) und sexuelle Beziehungen). Es meldeten sich zur Teilnahme zwar mehr Frauen als Männer, jedoch wurden die Gruppen dann aus beiden Geschlechtern gleichmäßig gebildet. Die Therapeuten hätten den deutlichen Eindruck, daß die Seminare den meisten Teilnehmern dabei halfen. Wohl wirkten die meisten in den ersten Sitzungen ziemlich gehemmt, zum Ende der Seminare jedoch „schienen viele von ihnen auf dem Weg zu einem Leben zu sein, das weitgehend ihren Wünschen entsprach".

Ähnliche Seminare veranstalteten auch *Granvold* und *Welch* (1977). Auch sie betonen, ähnlich wie *Weiss,* daß die Gruppen das Gefühl des alleinigen Betroffen- oder Ausgeliefertseins und kaum lösbarer Probleme vermindern halfen und daß die Problemorientierung bei den Gesprächen das emotionale Chaos etwas ordnete. In ihrer weiteren Arbeit (*Granvold* et *Welch* 1979) beschreiben sie die Analyse der kognitiven Rekonstruktion, die bei diesen Gruppen stattfindet. Die kognitive Korrektur konzentrierte sich auch auf Verstärkung mehr optimistischer Einstellungen, Bewußtwerden der Universalität der Probleme und Vertrauen auf eigene Verantwortlichkeit für das Leben nach der Scheidung. Diese Ziele haben sie auch mit einem interpersönlichen Fähigkeitstraining (Competency Training) mit Hilfe des in der Gruppe modellierten Verhaltenstrainings und konkreten häuslichen Aufgaben zu erreichen versucht.

Auch wurde versucht, die Probleme vor der Wiederheirat mit Hilfe von Gruppenarbeit zu bewältigen (*Messinger* et al. 1978, *Nichols* 1977). Die Teilnehmer wurden wieder über die Medien gewonnen. Die Autoren analysierten folgende Übergangsstadien: die Entstehung eines Haushalts mit einem Elternteil nach der Trennung, Anknüpfen neuer Bekanntschaften, Zusammenleben noch ohne Ehe, Wiederheirat und anschließend Gründung und Strukturierung einer neuen Familie. Das größte Problem zeigte sich in den Beziehungen zwischen den Müttern mit ihren Schuldgefühlen und den Kindern mit den Ängsten um einen teilweisen oder den kompletten Verlust der Liebe ihrer Mütter. Der neue Partner hat vor allem mit den Problemen der Beziehung zu den Stiefkindern und der Übernahme der elterlichen Rolle zu kämpfen. Alle drei, das heißt die Mutter, der neue Partner und die Kinder mußten ihre Bindungs- und Loyalitätskonflikte lösen. Am einfachsten zeigte sich die Situation, wenn beide Partner geschieden und sorgeberechtigt für Kinder waren. In der Gruppe konnten die Paare, die schon einige Erfahrungen mit dieser Situation hatten, den anderen, die in akuter Konfliktsituation geraten waren, helfen.

Leider sind diese Arbeiten nicht mit einer genauen Kontrolle der Effekte mit einer katamnestischen Untersuchung und einer Kontrollgruppe durchgeführt worden. Solche Daten wären notwendig, um verschiedene Vorschläge für eine systematische Hilfe für die sich in Scheidung befindenden Personen (z.B. *Johnson* 1977) oder für eine Reformierung des Gesetzesverfahrens (z.B. *Hill Kay* 1970) zu rechtfertigen.

Die psychotherapeutischen Probleme bei den Geschiedenen wurden auf Grund von Interviews mit 21 hochspezialisierten Therapeuten folgendermaßen zusammengefaßt (*Kressel* et al. 1978): Am wichtigsten erscheint die Einbeziehung von beiden Partnern in die Therapie, eine neutrale Rolle des Therapeuten, das Erzielen sachlicherer Einstellungen der Partner mit Verminderung ihrer Aggressivität und Verhinderung einer Generalisierung ihrer Depressionen und Aggressionen auf andere Bereiche. Der Therapeut sollte Hilfe anbieten bei den Lösungen und Absprachen über soziale und materielle Probleme bei der Scheidung und eventuell auch in der Zusammenarbeit mit dem Anwalt, falls sich dessen Einfluß als destruktiv erweist. Weiter haben *Kressel* et al. (1978) die Erfahrung von Juristen, Priestern und Psychotherapeuten aufgenommen. Die Einstellungen der beiden letzten Gruppen überdeckten sich weitgehend, während die der Juristen wesentlich mehr von rein mechanischen und unternehmerischen Rollen bis zu therapeutischen oder moralisch engagierten Einstellungen reichten. Der Konsensus der Therapeuten und Seelsorger bestand darin, daß sie die psychologischen Belastungen der Geschiedenen vor allem in drei Faktoren sahen: 1. in den großen sozialen und ökonomischen Veränderungen nach der Scheidung; 2. in der Unterbrechung von wichtigen sozialen Beziehungen und dem Trennungstrauma und 3. in der Tatsache, daß in vielen Fällen nur ein Partner aktiv die Scheidung herbeiführt. Es herrschte auch Übereinstimmung darin, daß der Scheidungsprozeß gegenseitig, aktiv und allmählich verlaufen sollte, indem beide Partner die Scheidung akzeptieren und fähig sind, eigene Interessen, zugleich aber in kooperativem Geist, zu vertreten. Vier der wichtigsten Aufgaben stellten sich allen drei Fachgruppen: 1. Erreichen einer Arbeitsgemeinschaft mit den Geschiedenen, die auf Vertrauen und Verständnis aufgebaut werden sollte; 2. Sammlung von Informationen und Diagnosenstellung; 3. Verbesserung des emotionalen Klimas bei der Scheidung durch Appellieren an rationale Interessen, Fair Play, an die Interessen der Kinder sowie die Klärung von Mißverständnissen und ähnlichem; 4. in der Hilfe bei Entscheidungs- und Planungsprozessen der Betroffenen (hier zeigte sich bei den Therapeuten ein vorwiegendes Interesse an den psychodynamischen Faktoren, bei einem Teil eine Abneigung, konkrete aktuelle Absprachen zwischen den Geschiedenen lösen zu helfen).

Entsprechend sehen auch zum Beispiel *Goldmann* und *Coane* (1977) vier Aufgaben der Therapeuten in neuer Definition der Pflichten und Rollen, im Aufstellen der Grenzen des Erreichbaren, in Abreaktion und Durcharbeiten der zu Ende gegangenen Ehe und dadurch Erreichen der emotionalen Scheidung. *Salts* (1979) macht darauf aufmerksam, daß sich die Therapie auch nach den Stadien des Scheidungsprozesses richten soll. Im Stadium der beginnenden Desillusion und Erosion der Beziehungen geht es um die Besserung der ehelichen Interaktion. Im nächsten Stadium der gegenseitigen Abkapselung soll die Hilfe bei dem Entscheidungsprozeß durch Bewertung der Alternativen geleistet werden. Nach der Trennung geht es um die Bewältigung der Krise und der veränderten Situation. Letzten Endes hilft der Therapeut im Stadium der Adaptation durch Stärkung des Selbstverständnisses und bei der persönlichen Reifung.

Besondere Aufgaben warten auf die Fachgruppen, die direkt mit Menschen in einer Ehekrise oder Scheidung in Kontakt treten. Es sind vor allem Juristen, Ärzte, Sozialarbeiter und Priester. Juristen können in Zusammenarbeit mit Politikern auf die Gesetzgebung und -auslegung wirken in dem Sinne, daß sie weniger traumatisierend wirken sollte. Andererseits kommen sie direkt mit den Betroffenen in Kontakt und ihr Handeln beeinflußt die Überwindung der Krise. Es geht darum, bei dem juristischen Studium auch mehr psychologische und soziologische Kenntnisse zu verbreiten. Es wäre wahrscheinlich sinnvoll, Juristen verschiedene Screening-Methoden zur Verfügung zu stellen, wonach sie bestimmte Gefahren, zum Beispiel eines Selbstmordes, besser erkennen und solche Menschen zur Behandlung delegieren können.

Auch bei den Ärzten, Sozialarbeitern und Priestern geht es auf der einen Seite um die praktische Arbeit, um Erkennung der inneren Konflikte, depressiver Zustände, erhöhter Suizidgefahr und Verbesserung der psychotherapeutischen Fähigkeiten. Auf der anderen Seite können sie wieder mit Organisatoren des Gesundheitswesens und anderer Institutionen die präventive Orientierung durch Aufstellen von Beratungseinrichtungen, Selbsthilfegruppen und ähnlichem fördern.

2 Prävention

Solche Vorschläge orientieren sich schon mehr in Richtung auf die Prävention der psychischen Störungen bei Scheidungen. Obwohl man unterschiedlicher Meinung sein kann, ob durch die steigenden Scheidungsraten den Menschen eher mehr Freiraum zur Selbstverwirklichung eingeräumt wird oder ob sie eher Schaden für die Betroffenen und die Kinder bringen, wird man sich wohl darüber einig sein, daß die psychischen Schäden mit Verminderung der Lebensqualität, vor allem mit sozialer Beeinträchtigung der Betroffenen und ihrer Umgebung — besonders der Kinder — zu vermeiden sind.

2.1 Arten der Prävention

Die Prävention teilt man in die *primäre,* die das Auftreten der krankhaften Störungen zu vermeiden versucht, die *sekundäre,* die dann die Störungen wieder in Ordnung bringen soll, und die *tertiäre,* die die weiteren sozialen Folgen solcher Störungen einigermaßen zu vermindern hilft. Im engeren Sinne ist die Prävention nur die primäre, während die sekundäre eigentlich die Behandlung und die tertiäre die Rehabilitation darstellen. Die Prävention kann man dann auch aufteilen in die *unspezifische,* die allgemein gesundheitlich stärkend wirkt, und die *spezifische,* die sich direkt auf die Störungen nach einer Scheidung konzentriert. Weiter läßt sich eine mehr auf die *bedrohten Individuen* orientierte Prävention und eine die sozialen *kollektiven Verhältnisse* regulierende Prävention unterscheiden. Als Beispiel der unspezifischen individuellen

Prävention kann die Hilfe für die Alkohol- oder Drogengefährdeten gelten. Eine kollektive unspezifische Prävention bedeutet zum Beispiel Verminderung der Anomie oder Erziehungspraktiken, bei denen die Kinder mit Hilfe der Eltern verschiedene Frustrationen und Krisen überwinden lernen. Die individuelle spezifische Prävention soll sich vor allem auf die Selbstmordgefährdung bei Geschiedenen konzentrieren, aber auch auf chronische Abwehreinstellungen, aus denen negative Folgen bei der Erziehung der Kinder oder bei den sozialen Lebensfragen der Betroffenen resultieren können. Als spezifische kollektive Prävention kann man zum Beispiel Gesetzesänderungen ansehen, die das Aufkommen psychischer Störungen nach der Scheidung vermindern.

2.2 Selbsthilfe

Man muß außerdem unterscheiden, welche Gruppen verschiedene präventive Maßnahmen ergreifen können. Es sind dies vor allem die Gefährdeten selber. Hier fängt die Prävention schon mit der möglichen Inanspruchnahme der Eheberatung an, sowohl für die Partnerwahl (s. dazu z.B. *Jäckel* 1980) als auch für allgemeine Probleme in der Ehe. Spezifischer wirkt die Familientherapie für die gestörten Familien, die sich auch im deutschsprachigen Raum von den Zentren aus, vor allem in Gießen, Heidelberg, Zürich, erfreulicherweise immer weiter verbreitet. Im günstigsten Fall beugt sie der Zerrüttung der Ehe vor. Als spezifische Risikogruppe sind Menschen nach einer Trennung oder Scheidung, die sich deshalb zu Selbsthilfegruppen zusammenschließen sollten. Die Gefährdung durch Selbstmord oder psychische Krankheit ist allerdings recht unterschiedlich, wofür man gerade mehr Kenntnisse erlangen sollte. Das Problem dieser· Betroffenen besteht allerdings darin, daß sich viele auch in Notsituationen nicht informieren und auch keine Hilfe suchen.

2.3 Hilfe durch Schlüsselpersonen

Deshalb ist meistens eine Prävention effizienter, die durch nichtbetroffene Schlüsselgruppen in die Hand genommen wird. Es sind die Gruppen, die mit den Betroffenen häufig in Kontakt kommen, also *Therapeuten, Sozialarbeiter* und *Juristen.* Die Sozialmedizin soll sich nicht nur um die Personen kümmern, die als Hilfesuchende kommen, sondern selbst aktiv die ärztlich Hilfsbedürftigen aufsuchen. Das kann sich am besten gerade in der Zusammenarbeit mit

Sozialarbeitern und Juristen verwirklichen. Juristen zeigen sich offen für eine solche Zusammenarbeit, die dann in gemeinsamer Beratung oder auch in der Möglichkeit zur Ausarbeitung von Screening-Methoden zur Abschätzung von Suizidgefahren bestehen kann. Die Aufgabe dieser Gruppen besteht nicht nur in der direkten Hilfe, sondern auch in der Aufklärung der Öffentlichkeit. Ihre gemeinsame Arbeit liegt in der Aufstellung und Stützung der Selbsthilfegruppen.

2.4 Sozialisationsproblem

Da die Konflikthäufigkeit in der Ehe und nach der Scheidung mit verschiedenen Belastungsfaktoren von den gesamtgesellschaftlichen Verhältnissen abhängt, könnte die kollektive, zum Teil auch unspezifische Prävention am wirksamsten sein. Für diese gesamtgesellschaftlichen Verhältnisse sind die Schlüsselgruppen der *Politiker* und vielleicht noch mehr (besonders in den parlamentarischen Demokratien) jene, die sich mit der Sozialisation der Menschen beschäftigen, vor allem Eltern, Lehrer, Journalisten und Schriftsteller. Die Sozialisationsproblematik stellt einen umfangreichen Bereich der Soziologie und Psychologie dar, der sich allerdings noch wenig auf empirische Untersuchungen stützen kann, sondern zum Teil weltanschauliche Aspekte aufweist, zum Teil aber auch auf praktischen Erfahrungen beruht.

Wir möchten dazu doch noch einige Gedanken aus unserer Erfahrung anfügen. Die Sozialisation von seiten der *Eltern* erfordert eine gewisse Konsequenz, dabei aber auch die Veränderung des Erziehungsstils während der Entwicklung der Kinder. Im ersten Stadium geht es vor allem darum, ein Maximum an Schutz, Liebe und Geborgenheit und damit Vertrauen für das Kind zu sichern. Nach dem ersten Lebensjahr des Kindes mischt sich immer mehr das Autoritätsstadium in die Erziehung, wobei die Eltern vor allem als Identifikationsfiguren wie ein Muster dienen und ein gewisses Maß an Wissen übermitteln. Sie müssen dem Kind bestimmte soziokulturelle Werte, Normen und Fähigkeiten übergeben und sein Verhalten durch Belohnung, Aufmunterung, aber im Notfall auch durch Bestrafung lenken. Das dritte Stadium verlangt, daß dem Kind immer mehr Selbständigkeit eingeräumt werden muß, daß es ebenso auch angemessen zu belasten ist, wodurch ihm durch möglichst viele Erfolgserlebnisse eine gesunde Selbstsicherheit (social mastery) gegeben werden soll. Diese Übergänge sind allerdings fließend, wie dies auch für das Eingliedern in größere soziale Kollektive sowie für die Übernahme der Rolle des Erwachsenen mit stärkerem Verantwortungsgefühl gilt.

Das Problem der *Lehrer* besteht darin, daß sie nicht nur Allgemeinwissen zu vermitteln haben, sondern auch zur persönlichen, sozialen und auch emotionalen Reifung beitragen sollen. Sie sind nicht nur Vermittler des Wissens, sondern auch eine wichtige Sozialisationsinstanz. Ihr aktuelles Problem liegt darin, daß mit den Bemühungen um die Gleichheit der Chancen auch die Konkurrenz unter den Schülern um erstrebenswerte Positionen im sozialen Leben steigt und daß außer dem Umfang an Wissen keine genügend objektiven Kriterien für die Auswahl dieser Positionen ausgearbeitet werden.

Journalisten stehen wiederum vor einem Konflikt ihrer drei wichtigsten Funktionen: Verbreitung von Informationen, eine mehr oder weniger unabhängige Kontrolle der anderen entscheidenden sozialen Systeme, wie der Politik, der Wirtschaft, der Gewerkschaft usw. und last not least eine wichtige Sozialisationsaufgabe. Während in den westlichen parlamentarischen Demokratien vor allem die ersten zwei Funktionen wahrgenommen werden und die dritte eher vernachlässigt wird, kommt es dagegen in den marxistischen, den islamischen und anderen weltanschaulichen Staaten zu eindeutiger Orientierung auf die dritte Aufgabe und Schwächung der ersten beiden Funktionen. Die marktwirtschaftlich auf sich selbst gestellten Massenkommunikationsmittel gebrauchen oder mißbrauchen eher Sensationen, vor allem die negativer Natur (Katastrophen, Kriege, Hungerepidemien, aber auch Selbstmorde, Verbrechen usw.), während die kritischen Kommunikationsmittel auch zur Erreichung ihrer Ziele eher negative Perspektiven hervorbringen. Das Gegenteil kann man am Beispiel der marxistischen Kommunikationsmittel sehen, bei denen negative Nachrichten eher unterdrückt werden. Es ist erschütternd, daß besonders im Westen Journalisten und Künstler allzu oft über Selbstmorde referieren, auch wenn bewiesen ist, daß durch die suggestive Wirkung die Selbstmordhäufigkeit erhöht wird. Wie *Merton* darauf hingewiesen hat, werden von den Künstlern und Journalisten häufig so anspruchsvolle Ziele für die Menschen vorgeführt, wobei die meisten keine Möglichkeit besitzen, diese Ziele auch zu erreichen. Außerdem neigen vor allem viele Künstler dazu, die Schwankungen hin zu einseitigen Extremen im sozialen Wandel eher zu verstärken, das heißt einmal zu einer weltanschaulichen Bewegung, zum anderen zu einem liberalistischen Individualismus. Das wichtigste Problem all dieser Sozialisationsinstanzen ist allerdings, daß sie gemeinsam und nicht gegeneinander erziehen, das heißt, daß sie die grundlegenden moralischen Einstellungen prägen und einen gewissen Konsensus der Werte und Kenntnisse erreichen.

Zu wirksamen Maßnahmen auf einem so komplexen Feld ist die Zusammenarbeit von mehreren wissenschaftlichen Fächern und sozialen Teilsystemen, d.h. Therapeuten, Juristen, Organisatoren der Medizin, Politiker, Journalisten und anderer vonnöten. Leider zwingt diese Entwicklung die Menschen zu einer immer größeren Spezialisierung. Es scheint aber, als könnte die Prävention dagegen wirken, da sie eher zu einer Erweiterung des traditionellen Rollenverhältnisses dieser Fachgruppen führen könnte, wobei Psychologen, Mediziner, Juristen usw. sich auch in einem Team als ,,Sozialisierungsingenieure" beschäftigen sollten.

XIV   Ausblick

Der wichtigste Weg, gesundheitlichen und sozialen Mißständen vorzubeugen, ist die Konzentration auf die Risikogruppen. Eine zahlreiche, relativ stark gefährdete Gruppe stellen die Geschiedenen dar. Dabei sind die Scheidungsraten in den meisten industriellen Ländern alarmierend in Bewegung geraten. Auch dort, wo die Steigerung der Raten abflacht, muß man berücksichtigen, daß ein immer größerer Teil junger Menschen formal nicht mehr heiratet, so daß die Zahl der tatsächlich Betroffenen wesentlich höher liegt.

Unsere heutigen Erkenntnisse weisen darauf hin, daß viele Menschen nach einer Trennung oder Scheidung gesundheitlich beeinträchtigt sind, was auch die Lösung ihrer sozialen Probleme, z.B. bei der Kindererziehung, erschwert. Dabei hängen die indviduellen und gesellschaftlichen Faktoren eng zusammen. Die höhere Scheidungsrate äußert sich offensichtlich ungünstiger in Gesellschaften, die nicht genügend informale soziale Netze und andere kulturellen Hilfen zur Verfügung stellen, wie sie zum Beispiel früher von den Großfamilien angeboten wurden. Es entstehen deshalb bei jungen Menschen manche Subkulturen, die die Nachteile einer Kleinfamilie überwinden sollen. Die Frage ist, ob es ihnen gelingt, eine stabile normative Kultur aufzubauen, die genügend Sicherheiten für die Menschen auch im Alter und die Lösung wirtschaftlicher, ökologischer und anderer Probleme mit sich bringt. Die Zukunft solcher Bewegungen — wie auch die der Wissenschaft, des Gesundheitswesens, der Jurisprudenz und anderer Gebiete — hängt allerdings von den gesamtgesellschaftlichen Entwicklungen ab. Deshalb wollen wir hier am Ende etwas breitere Perspektiven der Problematik betonen.

Diese Erweiterung der Blickfelder ist auch für einzelne Fachleute, wie Mediziner, Juristen und andere, angesichts der Komplexität der Problematik unausweichlich. Soll zum Beispiel die soziale Medizin ihre wichtigste Aufgabe in der Vorbeugung der Krankheit nicht außer acht lassen, so muß sie sich um die komplexen sozialen Umstände kümmern. Das bedeutet eine Erweiterung der traditionellen verengten fachlichen Rollen und Gegenwirkung gegen den durch die Explosion unserer Kenntnisse und technischen Methoden verursachten Druck zu einer Spezialisierung mit Scheuklappen vor den Augen. Das Problem ist also eine richtige Verteilung der wissenschaftlichen Kräfte der Individuen und der Gesellschaft auf der einen Seite auf die Vertiefung durch Spezialisierung, auf der anderen Seite auf die Bemühungen, Zusammenhänge und Komplexität in Betracht zu ziehen.

Viele der im Buch beschriebenen Schwierigkeiten der Geschiedenen hängen mit dem anomischen Zustand unserer Gesellschaft zusammen, das heißt mit der Schwächung der gemeinsamen Werte, Normen und Sitten, mit uneinheitlicher Sozialisation, mit geringeren Solidaritätsgefühlen und gegenseitiger Hilfsbereitschaft, mit in Frage gestelltem Lebenssinn bei vielen Menschen, mit steigenden Ansprüchen und Frustrationen. Die abgeschwächten moralisierenden Einstellungen äußern sich auch in größerer Liberalisierung des Rechtssystems. Die liberale Gesetzgebung bei den Scheidungen führt dazu, daß man sich ggf. auf der einen Seite ohne eine Diskussion der Schuldfrage gegenseitig weniger traumatisiert, auf der anderen Seite aber auch dazu, daß immer mehr Ehen ohne eine echte Zerrüttung geschieden werden, wobei man die folgende Einsamkeit, verschiedene Belastungen, vor allem bei der Kindererziehung, oft unterschätzt. Bei fehlenden informalen moralisierenden verinnerlichten oder durch die Sanktionen der sozialen Umgebung gesicherten Kontrollen kann man jede Gesetzgebung auch leichter umgehen und mißbrauchen.

Die Frustrationen der anomischen Gesellschaft führen zu erhöhter Aggressivität, sowohl individuell als auch bei der Entstehung großer sozialer Bewegungen. Diese haben wiederum andere, oft unvorhersehbare negative Folgen, wie es die neueste Geschichte bereits zur Genüge bewiesen hat.

Sozial günstiger wäre ein Mittelweg der Gesellschaft, der sich um mehr gemeinsame Werte und soziale Verantwortung der einzelnen durch einheitlichere Sozialisation in den wichtigsten humanen Werten, dabei aber mit einer Offenheit, Toleranz und Aggressionsminderung bemüht. Ein solcher Mittelweg wäre auch bei der Einstellung zu Scheidungen angebracht, das heißt ihre Freiheit im Falle einer schweren andauernden Zerrüttung der Ehen, auf der anderen Seite aber intensivere Bemühungen der Gesellschaft um das gesunde Funktionieren der Familie (in welcher Form auch immer), die immer noch die wichtigste Sozialisationsinstanz für die Kinder darstellt.

Jeder, der in gesünderen sozialen Verhältnissen leben will, ist somit zum Teil verantwortlich für seine eigene Reifung wie auch — wenngleich in geringerem Maße — für die Gesellschaft, in der er lebt. Größere Verantwortlichkeit tragen verschiedene Schlüsselpersonen, seien es professionelle auf Grund ihrer Bildung und Position, seien es Menschen, die mehr Wirkung ausstrahlen.

Das Buch wendet sich deshalb nicht nur an einen engeren Kreis von Fachleuten, sondern auch an die breitere aufgeklärte Öffentlichkeit.

Literatur

Ackermann, N.W.: Divorce and alienation in modern society. Mental Hygiene 83 (1969) 118-126

Adler, L.M.: The relationship of marital status to incidence and recovery from mental illness. Social Forces 32 (1953) 185-194

Anderson, T.R., K.M. Troost: International comparisons of national divorce rates. Paper presented at the meeting of the American Sociological Association, New York 1976, zitiert nach *G.C. Kitson, H.J. Raschke* 1981

Ariès, T.: Geschichte der Kindheit. Hanser, München-Wien 1976

Bachrach, L.L.: Marital status of discharges from psychiatric inpatient units of general hospitals, United States 1970-71. NIHM Division of Biometry Statical Note No. 83, Rockville Md. 1973

Bachrach, L.L.: Marital status and mental disorder – an analytical review. US-Department of Health Education and Wellfare, Rockville Md. 1975

Ballinger, C.B.: Psychiatric morbidity and the menopause. Survey of a gynecological outpatient clinic. Br. J. Psychiatry 131/7 (1977) 83-89

Battegay, R., U. Rauchfleisch, H. Graf v. Schlieffen: Sozio-ökonomische Determinanten der Inanspruchnahme der psychiatrischen Universitäts-Poliklinik Basel. Schweiz. Arch. Neurol. Neurochir. Psychiatr. 111 (1972) 67-87

Beal, E.W.: Separation, divorce and single-parent families in: The family in life cycle, hrsg. von *E.A. Carter, M. McGoldrick,* Gardner Press, New York 1980

Beatrice, D.K.: Problems, goals, and growth facilitation. Social Casework 60 (1979) 157-165

Berkson, J.: Mortality and marital status. Am. J. Public Health 52 (1962) 1318-1329

Bernard, J.: Remarriage: A Study of marriage. Russell and Russell, New York 1971

Bentler, P.M., N.D. Newcombe: Longitudinal study of marital success and failure. Consult. Clin. Psychol. 46 (1978) 1053-1070

Binchy, W.: Divorce in Ireland: Legal and social perspectives. J. Divorce 2 (1978) 99-108

Blacker, C.T.: Disruption of marriages. Some possibilities of prevention. Lancet 1 (1958) 578-581

Blair, M.: Divorcee's adjustment and attitudinal changes about life. Dissertation Abstracts, 30 (1970) 5541-5542, zitiert nach *G.C. Kitson, H.J. Raschke* 1981

Bloom, B.L.: An ecological analysis of psychiatric hospitalisation. Multivariate Behavioral Research 3. Oct. (1968) 423-464

Bloom, B.L.: Changing patterns of psychiatric care. Human Sciences Press, New York 1975

Bloom, B.L., W.F. Hodges, R.A. Caldwell, L. Systra, A.R. Cedrone: Marital separation: A Community service. J. Divorce I (1977) 7-19.

Bloom, B.L., S.J. Asher, S.W. White: Marital disruption as a stressor: A review analysis. Psychol. Bull. 85 (1978) 867-894

Blumenthal, M.: Mental health among the divorced – a field study of divorced and never divorced persons. Arch. Gen. Psychiat. 16 (1967) 603

Bobon, S.H., F. Dethienne: Socioeconomic data on 447 hospitalised former prisoners of war. Psychiat. Belg. 76 (1976) 56-71

Bohannan, P. (Ed.): Divorce and after. Doubleday, New York 1970

Bojanovsky, J.: Suizidalität bei Geschiedenen und Verwitweten: Eine hypothesengenerative Untersuchung. Fortschr. Med. 93 (1975) 1714-1717

Bojanovsky, J.: Wann droht der Selbstmord bei Geschiedenen? Schweiz. Arch. Neurol. Neurochir. Psychiatr. 125 (1979) 73-78

Bojanovsky, J.: Psychische Störungen bei Geschiedenen. Fortschr. Med. 99 (1981) 1617-1618, 99 (1981) 1659-1660, 99 (1981) 843-844, 100 (1982) 295-297

Bojanovsky, J.: Gesellschaft und Medizin – Ein historisches Modell. MMG 6 (1981) 110-115

Bojanovsky, J., H. Stubbe: Der depressive Mensch. Enke, Stuttgart 1982

Bojanovsky, J., G. Wagner: Untersuchung der Geschiedenen nach dem Gerichtsurteil. Noch nicht veröffentlichtes Manuskript.

Bonkowski, S.E., B. Wanner-Westly: The divorce group: A new treatment modality. Social Casework 60 (1979) 552-557

Booth, A., L. White: Thinking about divorce. Paper presented at the meetings of the Midwest Sociological Society, Minneapolis, 1979, zitiert nach *G.C. Kitson, H.J. Raschke* 1981

Bowen, N.: Family therapy in clinical practice. Aronson, New York 1978

Bowlby, J.: Loss. Basic books, New York 1980

Briscoe, C.W., J.B. Smith: Depression and marital turmoil. Arch. Gen. Psychiat. 29 (1973) 811-817

Briscoe, C.W., J.B. Smith: Psychiatric illness – Marital units and divorce. J. Nerv. Ment. Dis. 158 (1974) 440-445

Briscoe, C.W., J.B. Smith: Depression in bereavement and divorce. Arch. Gen. Psychiat. 32 (1975) 439-443

Briscoe, C.W., J.B. Smith, E. Robins, S. Marton, F. Gaskin: Divorce and psychiatric disease. Arch. Gen. Psychiat. 29 (1973) 119-125

Brown, G.W., J.L.T. Birley: Crises and life changes and the onset of schizophrenia. J. Health Soc. Behav. 9 (1968) 203-214

Brown, G.W., J.L.T. Birley, J.K. Wing: Influence of family life on the course of schizophrenic disorders: Replication. Brit. J. Psychiat. 121 (1972) 241-258

Brown, G.W., B. Dalinson, J.K. Wing: Schizophrenia and social care. Maudsley Monograph No. 17. Oxford Univ. Press. London 1966

Bruhn, G.: The child of divorce in Denmark. Bull. Menninger Clin. 28 (1964) 3-10

Burch, E.S. Jr.: Marriage and divorce among the North Alaskan Eskimos. In: Divorce and after, hrsg. von *P. Bohannan.* Doubleday, New York 1970

Butler, J.R., M. Morgan: Marital status and hospital use. Brit. J. Prev. Soc. Med. 31 (1977) 192-198

Cannon, M.S., R.W. Redick: Differential utilisation of psychiatric facilities by men and women, United States 1970 NIMH, Rockville 1973

Cavan, R.S.: Suicide. Univ. Chicago Press, Chicago 1928

Chang, F.C., B. Herzog: Burn morbidity. Ann. Surg. 183 (1976) 34-37

Chester, R.: Duration of marriage to divorce. Brit. J. Sociol. 22 (1971 a) 172-182

Chester, R.: Health and marriage breakdown: Experience of sample of divorced women. Brit. J. Prev. Soc. Med. 25 (1971 b) 231-235

Chiriboga, D.A., L. Cutler: Stress responses among divorcing men and women. J. Divorce I (1977) 95-105

Chiriboga, D.A., J. Roberts, J.A. Stein: Psychological wellbeing during marital separation. J. Divorce II (1978) 21-36

Chiriboga, D.A., M. Thurnher: Marital life styles and adjustment to separation. J. Divorce III (1980) 379-385

Cline, D.W., J.J. Chosy: A prospective study of life changes and subsequent health changes. Arch. Gen. Psychiat. 27 (1972) 51-53

Cochrane, R., A. Robertson: Stress in the lifes of parasuicides. Soc. Psychiat. 10 (1975) 161-171

Cohen, S., L. Taylor: Ausbruchsversuche. Identität und Widerstand in der modernen Lebenswelt. Suhrkamp, Frankfurt 1977

Cooper, B., J. Sylph: Life events and the onset of neurotic illness. Psychol. Med. 4 (1973) 421-435

Crago, M.A.: Psychopathology in married couples. Psychol. Bull. 77 (1972) 114-128

Dean, K.G., H.D. James: The special distribution of depressive illness in Plymouth. Brit. J. Psychiat. 136 (1980) 167-180

Deckert, P., P. Langelier: The late-divorce phenomenon: The causes and impact of ending 20 year-old or longer marriages. J. Divorce I (1978) 381-390

DeGrove, W.: An assessment of community suicide risk. Suic. Life-Threatening Behavior 7 (1977) 100-109

Dilling, H., S. Weyerer: Epidemiologie psychischer Störungen und psychiatrische Versorgung. Urban und Schwarzenberg, München-Wien-Baltimore 1978

Dominian, J.: Marital breakdown. Penguin Books, Harmondsworth 1968

Dublin, L.J.: Suicide: A sociological and statistical study. Ronald Press, New York 1963

Dupont, R.L., R.G. Ryder, H.U. Grunebaum: An unexpected result of psychosis in marriage. Amer. J. Psychiat. 128 (1971) 735-739

Dupuy, H.J.: Selected symptoms of psychological distress. National Center for Health Statistics, Vital and Health Statistics Series 11, No. 37. Washington, GPO 1970

Durkheim, E.: Der Selbstmord. Luchterhand, Neuwied und Berlin 1973

Faris, R.E.L., H.W. Dunham: Mental disorders in urban areas: An ecological study of schizophrenia and other psychoses. University of Chicago Press, Chicago 1939

Fenelon, B.: State variations in United States divorce rates. J. Marriage Familiy 33 (1971) 321-327

Filser, F.: Einführung in die Familiensoziologie. Schöning, Paderborn-München-Wien-Zürich 1978

Fischer, A.: Die Entfremdung des Menschen in einer heilen Gesellschaft. Juventa, München 1970

Framo, J.L.: Scheidung der Eltern – Zerreißprobe für die Kinder. Familiendynamik 5 (1980) 204-228

Friedrich, H.: Soziologie der Familie und Familientherapie. MMG 2 (1977) 201-208

Freudenthal, K.: Problem of the one parent family. Social Work 4 (1959) 44-48

Froiland, D.J., T.L. Hozman: Counseling for constructive divorce. Personnel and Guidance J. 55 (1977) 525-529

Frumkin, R.M.: Marital status and mental illness. Sociol. Social Res. 39 (1955) 237-239

Gardner, E., H.C. Miles, A.K. Bahn, J. Romano: Psychiatric experience in a community. Arch. Gen. Psychiat. 9 (1963) 369-378

Garfield, S.L., D.M. Sundland: Prognostic scales in schizophrenia. J. Consult. Psychol. 30 (1966) 18-24

Geiger, H.K.: The family in Soviet Russia. In: Modern Sociology, hrsg. von *P. Worsley.* Penguin Books, Harmondsworth 1968

Gibbs, J., W.C. Martin: Status integration and suicide. Univ. Oregon Press, Oregon 1964

Glenn, N.D., C.N. Weaver: The marital happiness of remarried divorced persons. J. Marriage Fam. 39 (1977) 331-337

Glick, P.C.: A demographer looks at American families. J. Marriage Family 37 (1975) 15-26

Glick, P.C., H.J. Norton: Marrying, divorced, and living together in the United States today. Population Bulletin 32 (1979) No. 5

Goldman, J., J. Coane: Family therapy after the divorce: Developing a strategy. Family Process 16 (1977) 357-362

Goode, W.J.: After divorce. Free Press, Glencoe, 1956

Goode, W.J.: World revolution and family patterns. Free Press, London 1963

Goode, W.J.: Women in divorce. Free Press, New York 1969

Goode, W.J.: After divorce. Free Press, Glencoe, 1956

Gove, W.R.: The relationships between sex roles, marital status, and mental illness. Social Forces 51 (1972) 34-44

Gove, W.R.: Sex, marital status, and suicide. J. Health Soc. Behavior 13 (1972) 204-213

Gove, W.R.: Sex, marital status, and mortality. Amer. J. Sociol. 79 (1973) 45-67

Gove, W.R., J.F. Tudor: Adult sex roles, and mental illness. Amer. J. Sociol. 78 (1972) 812-835

Granvold, D.K., L.M. Tedler, S.G. Schellie: A study of sex role expectancy and female postdivorce adjustment. J. Divorce 2 (1979) 383-393

Granvold, D.K., D.J. Welch: Intervention for postdivorce adjustment problems: The treatment seminar. J. Divorce 1 (1977) 81-92

Granvold, D.K., G.J. Welch: Structured, short-term group treatment of postdivorce adjustment. Int. J. Group Psychother. 29 (1979) 347-358

Gray, G.M.: The nature of the psychological impact of divorce upon the individual. J. Divorce 1 (1978) 289-301

Greenley, J.: The psychiatric patient family and length of hospitalisation. J. Health Soc. Behavior 13 (1972) 25-37

Gurin, G., J. Feroff, S. Feld: Americans view their mental health. Basic Books, New York 1960

Häfner, H.: Krisenintervention. Psychiat. Prax. 1 (1974) 139-150

Häfner, H.: Einführung in die psychiatrische Epidemiologie. Geschichte, Suchfeld, Problemlage. In: Psychiatrische Epidemiologie, hrsg. von *H. Häfner.* Springer, Berlin-Heidelberg-New York 1978

Hayes, M.T., N. Stinnett, J. Defrain: Learning about marriage from the divorced. J. Divorce 4 (1980) 23-29

Hetherington, E.M., M. Cox, R. Cox: Divorced fathers. Family Coordinator 25 (1976) 417-428

Hetherington, E.M., M. Cox, R. Cox: The aftermath of divorce. In: Mother-child, father-child relations, hrsg. von *J.H. Stevens,* Jr., *N. Matthews.* NAEYC, Washington 1978

Hollingshead, A., F. Redlich: Social class and mental illness: A community study. Wiley, New York 1958

Homes, T.H., R.H. Rahe: The social readjustment rating scale. J. Psychosom. Res. 11 (1967) 213-218

Hunt, M.: The world of the formerly married. McGrave-Hill, New York 1966

Hunt, M., B. Hunt: The divorce experience. McGrave-Hill, New York 1977

Hynes, W.J.: Single parent mothers and distress: Relationship between selected social and psychological factors and distress in low-income single parent mothers. Zit. nach: *G.C. Kitson, H.J. Raschke:* Divorce research: What we know, what we need to know. J. Divorce IV (1981) No. 3

Iga, M., J. Yamamoto, T. Noguchi, J. Koshinaga: Suicide in Japan. Soc. Sci. Med. 12 (1978) 507-516

Israel, S.: A Biography on divorce. Free Press, New York 1956

Jacobson, G.F., S.H. Portuges: Relation of marital separation and divorce to suicide: A report. Suic. Life Treat. Behav. 8 (1978) 217-224

Jäckel, U.: Partnerwahl und Eheerfolg. Enke, Stuttgart 1980

Johnson, W.D.: Establishing a national center for the study of divorce. Family Coordinator 26 (1977) 263-268

Jones, A.P., R.G. Demaree: Family dissolution: Social indices, and problem behavior. J. Marriage Family 37 (1975) 497-502

Kay, H.H.: A family court: The California proposal. In: Divorce and after, hrsg. von *T. Bohannan.* Doubleday, New York 1970

Kessler, S.: The american way of divorce. Prescriptions for change. Nelson Hall, Chicago 1975

Kitson, G.C., H.Z. Lopata, W.M. Holmes, S.M. Meyering: Divorcees and widows: Similarities and differences. Amer. J. Orthopsychiat. 50 (1980) 291-301

Kitson, G.C., H.J. Raschke: Divorce research: What we know, what we need to know. J. Divorce IV (1981) No. 3

Kitson, G.C., M.B. Sussman: The impact of divorce on adults. Conciliation Courts Review 15 (1977) 20.24

Klerman, G.L., E.S. Paykel: Depressive pattern, social background, and hospitalisation. J. Nerv. Ment. Dis. 150 (1970) 466-478

Knupfer, G., W. Clark, R. Room: The mental health of the unmarried. Amer. J. Psychiat. 122 (1966) 841-851

König, R.: Die Familie der Gegenwart. Beck, München 1974

Kohut, H.: Narzißmus. Suhrkamp, Frankfurt 1976

Kramer, M., E.S. Pollack, B. Redick, B.Z. Locke: Mental disorders/suicide. Harvard Univ. Press. Cambridge 1972

Krantzler, M.: Kreative Scheidung. Rowohlt, Reinbek bei Hamburg 1977

Kraus, S.: Crisis of divorce: Growth promoting or pathogenic? J. Divorce 3 (1979) 107-119

Krauss, H.H., A. Tesser: Social contexts of suicide. J. Abnorm. Psychol. 78 (1971) 222-228

Kreitman, N., N. Chowdhury: Distress behaviour. A study of selected Samaritan clients and parasuicides. Brit. J. Psychiat. 123 (1973) 1-8

Kreitman, N., J. Collins, B. Nelson, J. Troop: Neurosis and marital interaction. Brit. J. Psychiat. 117 (1970) 33-46

Kressel, K., N. Lopez-Morellas, J. Weinglass, M. Deutsch: Professional intervention in divorce: A summary of the views of lawyers, psychotherapists, and clergy. J. Divorce 2 (1978) 119-155

Kushner, S.: The divorced, noncustodial parent and family treatment. Social Work, 10 (1965) 52-58

Lansky, S.B., N.U. Cairns, R. Hassanein, J. Wehr, J.T. Lowman: Childhood cancer: Parental discorde and divorce. Pediatric 62 (1978) 184-188

Laing, R.D.: Das geteilte Selbst. Rowohlt, Reinbek bei Hamburg 1976

Laner, M.R.: Love's labors lost: A theory of marital dissolution. J. Divorce 1 (1978) 213-232

Lee, G.R.: Marriage and anomia: A causal argument. J. Marriage Family 36 (1974) 523-532

Lempp, R.: Die Ehescheidung und das Kind. Kösel, München 1976

Lester, D.: Social disorganization and completed suicide. Social Psychiatry 5 (1970) 175-176

Levy, T.M., W. Joffe: Counseling couples through separation. A developmental approach. Zit. nach: *C.J. Salts:* Dicorce process: Integration of theory. J. Divorce 2 (1979) 233-240

Levy, L., L. Rowitz: The ecology of mental disorders in Chicago. Behav. Pub. New York 1973

Lin, N., R.S. Simeone, W.M. Ensel, W. Kuo: Social support, stressful life events, and illness: A model and an empirical test. J. Health Soc. Behav. 20 (1979) 108-119

Lindemann, E.: Symptomatology and management of acute grief. Amer. J. Psychiat. 101 (1944) 141-148

Lobos, R.: Gestörte Ehen aus sozialpsychiatrischer Sicht. Schweiz. Arch. Neurol. Neurochir. Psychiat. 109 (1971) 367-397

Locke, H.L.: Predicting adjustment in marriage: A Comparison of a divorced and a happily married group. Grennwood Press, New York 1968

Loeb, J.: The personality factor in divorce. J. Consult. Psychol. 30 (1966) 562-569

Machova, J.: Psychische Hygiene des Familienlebens (im Tschechischen). Avicenum, Prag 1974

Malzberg, B.: Marital status and the incidence of mental disease. Internat. J. Soc. Psychiat. 10 (1964) 19-26

Maris, R.W.: Social forces in urban suicide. Dorsey Press, Homeswoode 1969

Marroni, E.L.: Factors influencing the adjustment of separated or divorced catholics. Zit. nach: *G.C. Kitson, H.J. Raschke:* Divorce research: What we know, what we need to know. J. Divorce IV (1981) No. 3

Mc Culloch, J.W., G.M. Carstairs: The ecology of suicidal behavior. Brit. J. Psychiat. 113 (1967) 313-318

McKenry, T.C., T.M. White, S. Price-Bonham: The fractured conjugal family a comparison of married and divorced dyads. J. Divorce 1 (1978) 329-339

McMurray, L.: Emotional press and driving performance: The effect of divorce. Behav. Res. in Highway Safety 1 (1970) 100-114

Messinger, L.: Remarriage between divorced people with children from previous marriage: A proposal preparation for remarriage. J. Marriage Family Couns. (1976) 193-200

Messinger, L., H.N. Walker, S.J.J. Freeman: Preparation for remarriage following divorce: The use of group techniques. Amer. J. Orthopsychiat. 48 (1978) 263-272

Meyers, J.C.: The adjustment of women to marital separation: The effects of sex-role identification of stage in family life, as determined by age and presence or absence of dependent children. Zit. nach: *G.C. Kitson, H.J. Raschke:* Divorce research: What we know, what we need to know. J. Divorce 4 (1981) No. 3

Moschel, G., H. Häberle: Selbstmord und seine sozialen räumlichen Bedingungen in Mannheim. In: Psychiatrische Epidemiologie, hrsg. von *H. Häfner.* Springer, Berlin-Heidelberg-New York 1978

Murphy, G.E., J.W. Armstrong, Jr., *S.L. Hermele, J.R. Fischer, W.W. Clendenin:* Suicide and alcoholism. Interpersonal loss confirmed as a predictor. Arch. Gen. Psychiat. 36 (1979) 65-69

Myers, J.K., J.J. Lindenthal, N.P. Petter: Life events and mental status: A longitudinal study. J. Health Soc. Behav. 13 (1972) 398-406.

Myers, J.K., J.J. Lindenthal, N.P. Petter: Life events, social integration and psychiatric symptomatology. J. Health Soc. Behav. 16 (1975) 421-427

Myers, D.H., C.D. Neal: Suicide in psychiatric patients. Brit. J. Psychiat. 133 (1978) 38-44

Neughton, J.: Effects or chronic illness on sexual performance. Med. Aspects Hum. Sex 9/10 (1975) 110-119

Nellessen-Schumacher, T.: Sozialprofil der deutschen Katholiken. Grünewald, Mainz 1978

Nichols, W.C.: Divorce and remarriage education. J. Divorce 1 (1977) 153-158

Norton, A.J., P.C. Glick: Marital instability: Past, present, and future. J. Soc. Issues, 32 (1976) 5-20

Ødegaard, Ø.: New data on marriage and mental disease: The incidence of psychoses in the widowed and the divorced. J. Ment. Sci. 99 (1953) 778-785

Ødegaard, Ø.: Die Epidemiologie der Psychosen. Nervenarzt 42 (1971) 569-574

Ogburn, W.S.: Cultural lag as theory. Sociology and Soc. Res. 41 (1957) 167-174

Olbrich, D., J. Bojanovsky: Psychiatrische Hospitalisierung bei Geschiedenen. Psychiat. Clin. 14 (1981) 56-65

Overall, J.E.: Associations between marital history and the nature of manifest psychopathology. J. Abnorm. Psychol. 78 (1971) 213-221

Pais, J., P. White: Family redefinition: A review of the literature toward a model of divorce adjustment. J. Divorce 2 (1979) 271-281

Pang, H., S.M. Hanson: Highest divorce rates in western United States. Sociology and Social Research 52 (1968) 228-236

Pareto, V.: Allgemeine Soziologie. Brinkmann, Tübingen 1955

Park, R.E., E.W. Burgess, R.D. McKenzie: The city. Univ. Chicago Press, Chicago 1925

Parkes, C.M.: Vereinsamung. Rowohlt, Reinbek bei Hamburg 1978

Paul, N.L.: Zur Dynamik der Scheidung. Familiendynamik 5 (1980) 229-241

Paykel, E.S., J.K. Myers, M.N. Dienelt, G.L. Klerman, J.J. Lindenthal, M.P. Pepper: Life events and depression — A controlled study. Arch. Gen. Psychiat. 21 (1969) 753-760

Paykel, E.S., B.A. Prusoff, J.K. Myers: Suicide attempts and recent life events. Arch. Gen. Psychiat. 32 (1975) 327-333

Pearlin, L.J., J.S. Johnson: Marital status, life strains, and depression. Amer. Sociol. Rev. 42 (1977) 704-715

Pearson, W. Jr., L. Hendrix: Divorce and the status of women. J. Marriage Family 41 (1979) 375-385

Pino, C.J.: Research and clinical application of marital autopsy in divorce counseling. J. Divorce 4 (1981) 31-50

Plateris, A.A.: Divorces and divorce rates. United States. National Center for Health Statistics, Hyattsville 1978

Radloff, L.: Sex differences in depression: The effect of occupation and marital status. Sex roles 1 (1975) 249-265

Rahe, R.H.: Subjects recent life change and their near future illness reports. Ann. Clin. Res. 4 (1972) 250-265

Raschke, H.J.: The role of social participation in postseparation and post-divorce adjustment. J. Divorce 1 (1977) 129-139

Reich, W.: Charakteranalyse. Fischer, Frankfurt/M., 1970

Renne, K.S.: Correlates of dissatisfaction in marriage. J. Marriage Family 22 (1970) 54-67

Renne, K.S.: Health and marital experience in an urban population. J. Marriage Family 23 (1971) 338-350

Rheinstein, M.: Marriage stability, divorce, and the law. Univ. Chicago Press, Chicago 1972

Rice, D.E.: Psychotherapeutic treatment of narcissistic injury in marital separation and divorce. J. Divorce 1 (1977) 119-128

Robertson, N.C.: The relationship between marital status and the risk of psychiatric referral. Brit. J. Psychiat. 124 (1974) 191-202

Rogers, L.S., H.H. Young, H. Cohemi, J. Dworin, M.E. Lipez: Marital stability, mental health, and marital satisfaction. J. Consult. Clin. Psychol. 35 (1970) 342-348

Rosen, B., D.F. Klein, R. Gittelman-Klein: The prediction of rehospitalization: The relationship between age of first psychiatric treatment contact, marital status and premorbid social and justment. J. Nerv. Ment. Dis. 152 (1971) 17-22

Rosenblatt, S.M., M.N. Gross, S. Chartoff: Marital status and multiple psychiatric admissions for alcoholism. Quart. J. Studies on Alcohol 30 (1969) 445-447

Rosenblatt, S.M., M.N. Gross, B. Malenowski, M. Browman, E. Lewis: Marital status and multiple psychiatric admissions for alcoholism: A cross-validation. Quart. J. Studies on Alcohol 32 (1971) 1092-1096

Roussel, R.: Ehen und Ehescheidungen. Familiendynamik 5 (1980) 186-203

Sainsbury, T.: Suicide in London. Chapman and Hall, London 1955

Salk, L.: Wie helfe ich meinem Kind, wenn ich mich scheiden lasse? Scherz, Bern und München 1980

Salts, C.J.: Divorce process: Integration of theory. J. Divorce 2 (1979) 233-240

Schwab, J.J., R.A. Bell, G.J. Warheit, R.B. Schwab: Social order and mental health. The Florida health study. Brunner and Mazel, New York 1979

Sheffner, D.J., J.M. Suarez: The postdivorce clinic. Amer. J. Psychiat. 132 (1975) 442-444

Shorter, E.: Die Geburt der modernen Familie. Rowohlt, Reinbek bei Hamburg 1975

Smart, L.S.: An application of Erikson's theory to the recovery from divorce process. J. Divorce 1 (1977) 67-71

Smith, W.G.: Critical life events and prevention strategies in mental health. Arch. Gen. Psychiat. 25 (1971) 103-109

Späte, H.F.: Zur Psychodynamik der Ehescheidung. Z. ärztl. Fortbildung 68 (1974) 1277-1283

Spanier, G.B., E.A. Anderson: The impact oft the legal system on adjustment to marital separation. J. Marriage Family 41 (1979) 605-613

Spanier, G.B., R.T. Casto: Adjustment to sepration and divorce. An analysis of 50 case studies. J. Divorce 4 (1981) 241-253

Spanier, G.B., T.C. Glick: Paths to remarriage. J. Divorce 3 (1980) 283-293

Spivey, P.B., A. Scherman: The effects of time lapse on personality characteristics and stress on divorced women. J. Divorce 4 (1980) 49-60

Srole, L.: Soziale Integration und bestimmte Folgeerscheinungen – Eine Forschungsstudie. In: Die Entfremdung des Menschen in einer heilen Gesellschaft. Hrsg. von *A. Fischer.* Juventa, München 1970

Srole, L., T.A. Langner, S.T. Michel, M.K. Opler, T.A.C. Rennie: Mental health in the metropolis: The midtown study. McGraw-Hill, New York 1962

Statistisches Jahrbuch für die Bundesrepbulik Deutschland, Statistisches Bundesamt. Kohlhammer, Stuttgart 1965-82

Stein, Z., M. Susser: Widowhood and mental illness. Brit. J. Prevent. Soc. Med. 23 (1969) 106-110

Stevens, B.: Probability of marriage and fertility of women suffering from schizophrenia or affective disorders. Population Studies 23 (1970) 435-451

Stober, B.: Kinder aus geschiedenen Ehen. Z. Kinder-Jugend Psychiat. 8 (1980) 79-92

Susser, M., Z. Stein, G.H. Montney, H.L. Freeman: Chronic disability following mental illness in an english city. Soc. Psychiat. 5 (1969) 63-76

Syme, S.L.: Behavioral factors associated with the etiology of physical disease: A social epidemiological approach. Amer. J. Publ. Health 64 (1974) 1043-1045

Taube, C.A.: Admission rates by age, sex and marital status: outpatient psychiatric services, 1969. NIMH Division of biometry statistical note No. 35. National Institute of Mental Health, Rockville 1970

Tew, B.J., K.M. Lawrence, H. Payne, K. Rawnsley: Marital stability following the birth of a child with spina bifida. Brit. J. Psychiat. 131 (1977) 79-82

Turner, R.J., L.S. Dopkien, G.T. Labreche: Marital status and schizophrenia: A study of incidence and outcome. J. Abnorm. Psychol. 76 (1970) 110-116

Uhlenhut, E.H., E.S. Paykel: Symptom intensity and life events. Arch. Gen. Psychiat. 28 (1973) 473-477

Ungern-Sternberg, L.W., H. Schubnell: Grundriß der Bevölkerungswissenschaft. Piscator, Stuttgart 1950

Vigderhouse, G., G. Fishman: The impact of unemployment and familial integration on changing suicide rates in the USA 1920-1969. Soc. Psychiat. 13 (1978) 239-248

Waller, W.: The old love and the new: Divorce and readjustment. Liveright, New York 1930

Wallerstein, J.S., J.B. Kelly: Divorce counseling: A community service for families in the midst of divorce. Amer. J. Orthopsychiat. 47 (1977) 4-22

Wallerstein, J.S., J.B. Kelly: Surviving the breakup: How children and parents cope with divorce. Basic Books, New York 1980

Warheit, G.J., C.E. Holzner, R.A. Bell, S.A. Arey: Sex marital status, and mental health: A reappraisal. Soc. Forces 55 (1976) 459-470

Wechsler, H., D. Thum, H.W. Demone, Jr., *J. Dwinell:* Social characteristics and blood alcohol level. Quart. J. for Study for Alcoholism 33 (1972) 132-147

Welch, G.J., D.K. Granvold: Seminars for separated and divorced: An educational approach to postdivorce adjustment. J. Sex Marital Therapy 3 (1977) 31-39

Weiss, R.S.: The emotional impact of marital separation. J. Soc. Issues 32 (1976) 135-145

Weiss, R.S.: Trennung vom Ehepartner. Klett-Cotta, Stuttgart 1980

Weissfeld, D., N.S. Laser: Divorced parents in family therapy in a residential treatment setting. Family Process 16 (1977) 229-236

Westmann, J.C., D.W. Cline, W.J. Swift, D.A. Kramer: Role of child psychiatry in divorce. Arch. Gen. Psychiat 23 (1970) 415-425

White, S.W., S.J. Asher: Separation and divorce: A study of the male perspective. Unpublished manuscript, University of Colorad, 1976. Zit. nach *G.C. Kitson, H.J. Raschke:* Divorce research: What we know, what we need to know.

Whitlock, F.A.: Suicide in England and Wales 1959-63. Part 1. The county boroughs. Psychol. Med. 3 (1973 a) 350-365

Whitlock, F.A.: Suicide in England and Wales 1959-63. Part 2. London. Psychol. Med. 3 (1973 b) 411-420

Wise, M.J.: The aftermath of divorce. Amer. J. Psychoanalysis 40 (1980) 149-158

Wiseman, J.M., J.A. Fiske: A lawyer-therapist team as mediator in a marital crisis. Social work nov. 1980, 442-445

Woodruff, R.A., S.B. Guze, P.J. Clayton: Divorce among psychiatric outpatients. Brit. J. Psychiat. 121 (1972) 289-292

Worsley, P.: Introducing sociology. Penguin, Harmondsworth 1970

Wyler, A.R., M. Masuda, T. Holmes: Magnitude of life events and seriousness of illness. Psychosomat. Med. 33 (1971) 115-122

Young, D.M.: The divorce experience workshop: A consumer evaluation. J. Dovrce 2 (1978) 37-48

Zuber, H.: Gestörte Ehen. Huber, Bern und Stuttgart 1967